사계절 홈 브런치

four seasons
home brunch

사계절 홈 브런치

계절을 담은 나만의 브런치 테이블

한지혜 지음

샘터

지금, 이 곳은

평범한 일상이 특별한 순간이 되는

나만의 브런치 테이블입니다

Prologue

스물셋에 푸드 스타일링 공부를 시작하며 요리가 일상이 되었습니다. 좋아하는 요리를 매일 할 수 있는 시간은 기쁨이었고, 여러 가지 음식들을 마음껏 만들어 보며 공부도 할 수 있는 시간은 참 소중했습니다. 책꽂이 여기저기 남아 있는 이십 대의 다이어리와 노트들을 다시 펼쳐보면 '어떻게 이런 레시피를 생각했을까?', '아, 이런 요리도 내가 만들었구나' 추억에 젖기도 합니다.

몇 해 전, 퍼즐처럼 흩어져 있던 자료를 모아 나만의 레시피 폴더로 만들고 나니 어떤 요리들이 나를 스쳐갔는지 조금 더 명확해졌습니다. 이렇게 좋은 레시피들은 잊지 않고 나의 파일 안에서 꺼내주고 싶다는 생각을 했어요.

그중에 가장 먼저 꺼내어주고 싶은 레시피들은 쉽고 간단하며 바쁜 일상 속에 나를 위한 선물처럼 만들던 요리였습니다. 이 책을 준비하며 그때의 요리, 그때의 레시피를 조금씩 수정하고 다시 만들어보면서 한동안 기뻤고 뿌듯하기까지 했어요.

여기, 사계절을 온전히 담은 브런치 테이블을 소개합니다. 계절은 그 계절 특유의 향기와 색상과 맛으로 기억되니까요. 쉽게 구할 수 있는 제철 재료로 만든 브런치 레시피를 담았습니다. 서양식을 기본으로 하되 한식과 접목시킨 건강한 레시피도 더했습니다. 세계 각국의 이색적인 메뉴도 브런치로 재탄생시켰습니다.

요리책은 당장 따라 하기 쉬워야 한다는 생각은 떠나보낼 수가 없어서 식재료를 섞어보기도 하고 어려운 레시피는 단계를 낮춰보기도 했습니다. 더욱 풍성한 브런치 테이블을 차려낼 수 있도록 대체할 수 있는 재료로 다양한 메뉴를 만들어내는 간략한 팁도 적어두었으니 마음껏 활용해보실 수 있습니다.

이 책에는 우리가 사랑하는 사계절이 담겨 있습니다. 그 계절에만 나오는 특별한 식재료를 사용한다면 또 다른 멋진 맛을 내는 레시피를 만들 수 있어요. 오래전, 제가 노트에 적어가며 '이 음식만은 꼭 만들어 봐야지' 하며 스스로 다짐했던 것을 기억하며, 여러분과 요리의 즐거움을 함께하고 싶습니다.

Contents

Prologue
008

브런치에 꼭 필요한 소스와 재료
016

브런치에 향을 더하는 허브
018

브런치에 풍미를 높이는 치즈
020

브런치를 간편하게 만들어줄 도구
022

PART 1
Spring
봄날의 브런치

달래 페스토	027
봄나물 페스토 에그 샌드위치	029
페스토 콜드 파스타	031
양파 스프레드	033
봄나물 쿠스쿠스	035
가지구이	037
대파 마늘종 튀김	039
판콘 토마테	041
참치 샌드위치	043
오이 블루치즈 샌드위치	045
에어프라이어 치아바타	047
캐러멜 베이컨 샌드위치	049
에그인헬	051
알싸한 고추기름	053
매콤 수란 샐러드	055
매콤 시트러스 치킨구이	057
딸기 연어 크레이프	059
크로플바	061
부라타 토마토 크로플	063
오렌지 시나몬 팬케이크	065
더치 베이비와 딸기 아이스크림	067
체리 베리 요거트	069

PART 2
Summer
여름날의 브런치

베리베리 포리지	073
고르곤졸라 포테이토 샐러드	075
채소밭 샐러드	077
페타치즈 수박 샐러드	079
부라타치즈 과일 샐러드	081
초당옥수수 브루스게타	083
베이컨 감자 뢰스티	085
에어프라이어 프리타타	087
토마토 버터 잠봉뵈르	089
썬드라이드 토마토	091
토마토 스프레드	093
토마토 스튜	095
토마토 포카치아	097
채소 누들 샐러드	099
천도복숭아 오이 국수	101
그린빈스구이	103
허브 버터 당근구이	105
엔칠라다	107
또띠아 칩	109
무화과 팬케이크	111
복숭아 와인 조림	113
오이 요거트	115

PART 3
Fall
― 가을날의 브런치 ―

단호박 수프	119
당근 요거트 라페	121
피타 브레드	123
치즈 또띠아	125
사과 살사 나초 샐러드	127
시금치 베이컨 샐러드	129
ABC 오븐구이	131
버섯 스크램블	133
오징어 버터구이	135
프로슈토 포테이토구이	137
옥수수 팔라펠	139
옥수수 머핀	141
땅콩 바나나 토스트	143
치즈 프렌치 토스트	145
치즈 튀김	147
들기름 뇨끼	149
굴라쉬	151
피넛버터 돼지고기 스튜	153
올리브 토마토밥	155
바나나 브라운치즈 푸딩	157
메이플 티라미수	159
콩 수플레	161

PART 4
Winter
겨울날의 브런치

프렌치 어니언 수프	165
홍합 스튜	167
조개 크림 수프	169
치킨 포토피	171
뵈프 부르기뇽	173
토마토 마늘 조림	175
뿔뽀 샐러드	177
템페 샐러드	179
겨울 배추 샐러드	181
버터 연유 고구마	183
추억의 소시지빵	185
버섯 버터 오믈렛	187
식빵 키쉬로렌	189
가자미 커틀릿	191
굴 오븐구이	193
비프 웰링턴	195
폴드포크	197
폴드포크 포테이토 프라이	199
폴드포크 양배추 샌드위치	201
마시멜로 스모어 팬케이크	203
에어프라이어 비스코티	205
브라우니	207

사계절 음료

보이차	209
코코넛 밀크티	209
차이티 라떼	210
베리 스파클링	210
칼리모초	211
체리콕	211
에스프레소 폼 라떼	212
깔루아 커피	212
리얼 핫초코	213
코리안 뱅쇼	213

ingredient

브런치에 꼭 필요한 소스와 재료

자주 사용하는 소스와 재료는 떨어지지 않도록 채워두고 있어요. 질 좋은 오일과 소금, 후추 같은 기본 양념은 살 때마다 새로운 걸 사용해보려고 노력해요. 여러 가지 제품을 비교해 먹어보고 가성비 좋은 제품을 찾는 재미를 누려보세요.

① 트러플오일

비교적 간단한 달걀이나 감자 요리도 트러플오일을 활용하면 일품요리 못지않아요. 파스타나 메인 요리에 풍미를 더하기 위해 한 번씩 뿌려주면 고급 레스토랑의 맛을 흉내낼 수 있답니다. 오래 보관하면 트러플의 향이 날아가기 때문에 꼭 잠구어 사용해요. 보관을 신경 써서 해주고 향이 날아가기 전에 소진하는 게 좋아요.

② 올리브오일

달걀프라이할 때 올리브오일을 써도 되는지, 튀김 요리도 올리브오일로 가능한지 묻는 분들이 종종 있어요. 올리브오일의 발열점은 180도. 볶음 요리나 가벼운 튀김은 올리브오일을 사용해도 괜찮아요. 그렇지만 요리의 마무리에 뿌려주거나 드레싱으로 사용할 때 올리브오일은 진가를 발휘합니다. 풍미를 한껏 올려주기 때문이죠. 좋은 엑스트라 버진 올리브오일 한 병쯤 준비해두기를 추천합니다.

③ 발사믹 식초

발사믹 식초는 조린 글레이즈드 형태와 묽은 형태 두 가지 다 준비해둡니다. 올리브오일과 함께 하면 활용도가 높은데요. 담백한 빵을 찍어 먹기 좋고 특히 샐러드 드레싱이 마땅하지 않아 난감할 때 향이 좋은 올리브오일과 소금, 후추만 뿌려주어도 멋진 드레싱이 완성됩니다.

④ 꿀

요리에 단맛을 더해주는 재료예요. 대표적인 건강식품이기 때문에 설탕의 대체 식재료로 권장되는데요. 깊은 단맛을 내기 위해 각종 양념과 소스에 섞어 사용하거나 디저트에 마무리로 뿌려주기도 해요.

⑤ 콩 통조림

각종 콩 통조림은 시간이 없을 때 뚝딱 요리할 수 있는 장점이 있어요. 스튜를 끓일 때 베이크드 빈을 넣으면 감칠맛이 더해지고요. 병아리콩 통조림은 믹서에 갈아 스프레드나 딥을 만들 수도 있고 샐러드에 고소한 맛이 필요할 때 넣어 먹어요. 콩을 넣어 에그 스크램블이나 머핀을 구워도 맛있는 브런치 메뉴를 만들 수 있어요.

⑥ 치폴레와 파프리카 파우더

치폴레와 훈제 파프리카 파우더는 매콤한 맛을 내는 데 필요해요. 특히 감칠맛 나는 매콤함이 필요할 때 사용해요. 매운 음식을 즐겨 먹는 편이 아니지만 향이 매콤하게 나는 건 좋아하는데, 두 가지를 구비해두고 요리에 활용하면 풍미가 좋은 음식을 만들기 편리합니다.

⑦ 엔초비와 올리브

파스타를 만들 때 특히 유용하게 쓰여요. 휘리릭 재빠르게 볶아내는 요리와 잘 어울린다고 생각하시면 편한데요. 많은 양보다 조금씩 넣어주면 감칠맛을 끌어올려줍니다. 두 재료 모두 마늘과 함께 볶으면 더 맛있습니다.

⑧ 토마토 페이스트와 썬드라이드 토마토

토마토가 많을 때 썬드라이드 토마토를 만들어 보관합니다. 시간이 없을 때는 냉동이나 병에 담긴 제품을 구비해둬요. 그만큼 썬드라이드 토마토는 활용도 높은 브런치 필수 식재료입니다. 페이스트도 병에 담긴 터키산 페이스트나 첨가제가 들어가지 않는 산뜻한 맛의 페이스트를 쟁여두는 편이에요. 요리하기에도 편리하고 좋지만, 샐러드에 토마토의 상큼한 향과 맛을 추가하고 싶을 땐 볶지 않고 넣어도 좋아요.

브런치에 향을 더하는 허브

한국 음식에 빠질 수 없는 향신 채소 파, 마늘, 양파, 고추가 있듯 외국에서는 허브를 넣어 음식에 맛과 향을 더해줘요. 육류에도 어울리고 생선에도 어울리고 과일이나 디저트에도 골고루 사용할 수 있죠. 허브를 활용한 음식이 보기에도 훨씬 예뻐지니 활용해보세요.

① 타임

긴 줄기에 작은 잎들이 많이 달려 있는 타임. 육류와 생선 요리 둘 다 잘 어울려요. 냉장 보관도 가능하니 마른 잎보다 생 타임을 써보시는 것을 추천합니다.

② 민트

애플민트, 스피아민트, 페퍼민트 등 종류가 많은 허브예요. 음료를 만들 때는 페퍼민트나 스피아민트를, 샐러드에는 달콤한 애플민트를 주로 사용합니다. 작은 잎을 떼어 스타일링하기도 해요.

③ 로즈메리

향기로운 허브이기 때문에 화분으로 키워보기를 추천하는 허브예요. 각종 요리에 자주 사용하고 차로도 마실 수 있어 창가에 두고 키우면 다양하게 활용하기 좋아요.

④ 루꼴라

큰 루꼴라와 작은 잎의 와일드 루꼴라가 있어요. 샐러드로 만들어 먹을 때는 큰 루꼴라를 사용해도 좋은데 파스타나 리조또 등 음식 위에 장식할 때는 와일드 루꼴라가 앙증맞고 예뻐요.

⑤ 오레가노

이름을 잘 기억하지 못할 때 "향이 오래가노"라며 기억했던 허브예요. 동글동글한 잎사귀에 자세히 보면 솜털이 나 있어요. 박하향에 달달한 향을 가지고 있고 약간만 사용해도 음식의 풍미가 좋아져요. 약 대용으로 쓸 만큼 유용한 허브입니다.

⑥ 처빌

자잘한 잎이 무성한 처빌은 음식 마무리에 장식하기 위해 자주 사용합니다. 샐러리만큼 좋은 향이 나는 허브예요.

⑦ 바질

냉장 보관이 무척이나 까다로운 바질. 비가 많이 오면 구하기 힘들어 애먹었던 적이 있어요. 적바질과 그린바질도 화분으로 기를 수 있으니 도전해보세요.

⑧ 차이브

부추와 비슷해 보이는 차이브는 파과에 속하는 허브입니다. 음식에 약간의 풍미를 더해주기 위해 사용합니다.

⑨ 이탈리안 파슬리

우리나라에서 쉽게 접할 수 있는 동글동글한 모양의 파슬리보다 쓴맛이 덜하고 향은 풍부해요. 없을 때는 동글동글한 한국의 파슬리를 사용해도 좋아요.

⑩ 딜

생선 요리에도 잘 어울리지만 베이킹할 때도 종종 사용해요. 말려서 두었다가 사용해도 좋고요. 차로 마셔도 좋습니다.

⑪ 고수

특유의 향 때문에 기피할 수 있지만 한번 빠지면 헤어나올 수 없어요. 동남아 음식에 많이 사용되고, 페스토로 만들어두면 육류와 생선에 모두 어울리는 맛있는 소스가 됩니다.

⑫ 레드쏘렐

허브지만 강한 향은 없습니다. 별도로 구입도 가능하지만 어린잎 채소 믹스에 보면 드문드문 들어 있는 허브예요. 그만큼 샐러드와 잘 어울리고 빨간 줄기가 매력적이라 가니쉬로도 많이 사용합니다.

브런치에 풍미를 높이는 치즈

냉장고에 항상 구비해두는 것 중 하나는 치즈입니다. 하드 계열 치즈는 겉면에 곰팡이가 생기지 않도록 키친타월이나 랩으로 말아 지퍼백에 넣어 냉장 보관합니다. 크림치즈나 페타, 과일이나 허브가 들어간 부드러운 연성 치즈는 개봉 후 가급적 빨리 먹는 게 좋아요.

① 과일치즈
살구나 레몬, 견과류 등이 첨가되어 있는 치즈예요. 풍부한 과일의 향과 맛이 함께 나기 때문에 있는 그대로 잘라서 먹거나 크래커, 빵 위에 올려 먹곤 합니다. 과일과 곁들여도 맛있고 샐러드에도 잘 어울려요.

② 허브치즈
튀김 요리에 사용했던 치즈예요. 부드러우면서 허브와 마늘의 향이 어우러져 풍미가 좋아요. 부드러운 허브 치즈를 따뜻한 음식 위에 올려 먹어도 맛있습니다.

③ 페타치즈
짠맛을 어느 정도 가지고 있어 올리브, 올리브오일과 잘 어울려요. 샐러드에 올려 먹기도 하고 오이, 토마토와 곁들여 먹으면 상큼한 맛과 짠맛의 조화가 좋아요.

④ 고트치즈
염소의 젖으로 만든 치즈예요. 향이 강해서 호불호가 있지만 한번 빠지면 좋아지는 치즈입니다.

⑤ 블루치즈
푸른곰팡이 치즈입니다. 고르곤졸라 피자 먹을 때 주로 접하는데 가열했을 때 풍미가 더 좋아지는 치즈예요. 파스타 소스에 넣거나 꿀과 함께 곁들이면 정말 맛있어요.

⑥ 그라나 파다노 치즈
요리의 마지막을 장식해주는 치즈죠. 풍미도 좋고 맛도 좋아지고 요리의 완성도를 높여주는 매력적인 치즈입니다.

⑦ 브라운치즈
캐러멜처럼 진한 향이 나는 치즈입니다. 달달한 맛이 나서 디저트에 사용하면 좋습니다.

⑧ 브리치즈
부드러운 겉껍질로 쌓여 있는 치즈입니다. 안은 촉촉하고 부드러워요. 그냥 먹기도 하지만 구워 먹으면 더 맛이 좋아요. 빵 위에 얹어 먹거나 통으로 구워 스테이크나 파스타에 곁들이기도 해요.

⑨ 스모크치즈
바베큐의 스모키한 향이 나는 치즈입니다. 와인 안주로도 좋지만 살라미와 곁들이면 맛있어요.

⑩ 모짜렐라치즈
피자 치즈로 많이 알려져 있는 치즈입니다. 오븐 요리나 퀘사디아 등에 사용하면 좋아요.

⑪ 크림치즈
디저트에 많이 사용하는 부드러운 치즈입니다. 생크림과 섞어 음료나 케이크에 곁들이면 맛있어요.

⑫ 체다치즈
모짜렐라치즈와 함께 사용하면 맛도 풍미도 좋아져요. 체다치즈와 함께 콜비잭, 페퍼잭, 몬트리잭치즈는 골고루 냉장고에 넣어두고 사용합니다.

⑬ 부라타치즈
모짜렐라보다 부드러운 속살을 가지고 있는 치즈예요. 과일과 달콤한 빵에 잘 어울려요. 생치즈가 맛있지만 냉동 보관이 가능한 부라타치즈도 추천합니다.

(tools)

브런치를 간편하게 만들어줄 도구

요리를 할 때 많은 도구를 사용하는 편은 아니에요. 그래도 요리하기 수월한 도구들은 주변에 두면 한결 요리하기가 편합니다. 치즈를 갈아내는 그라인더, 채소를 다질 때 쓰는 도구들은 아침 요리 시간을 확실히 줄여주기 때문에 한 두 개쯤 장만해두시기를 권해요.

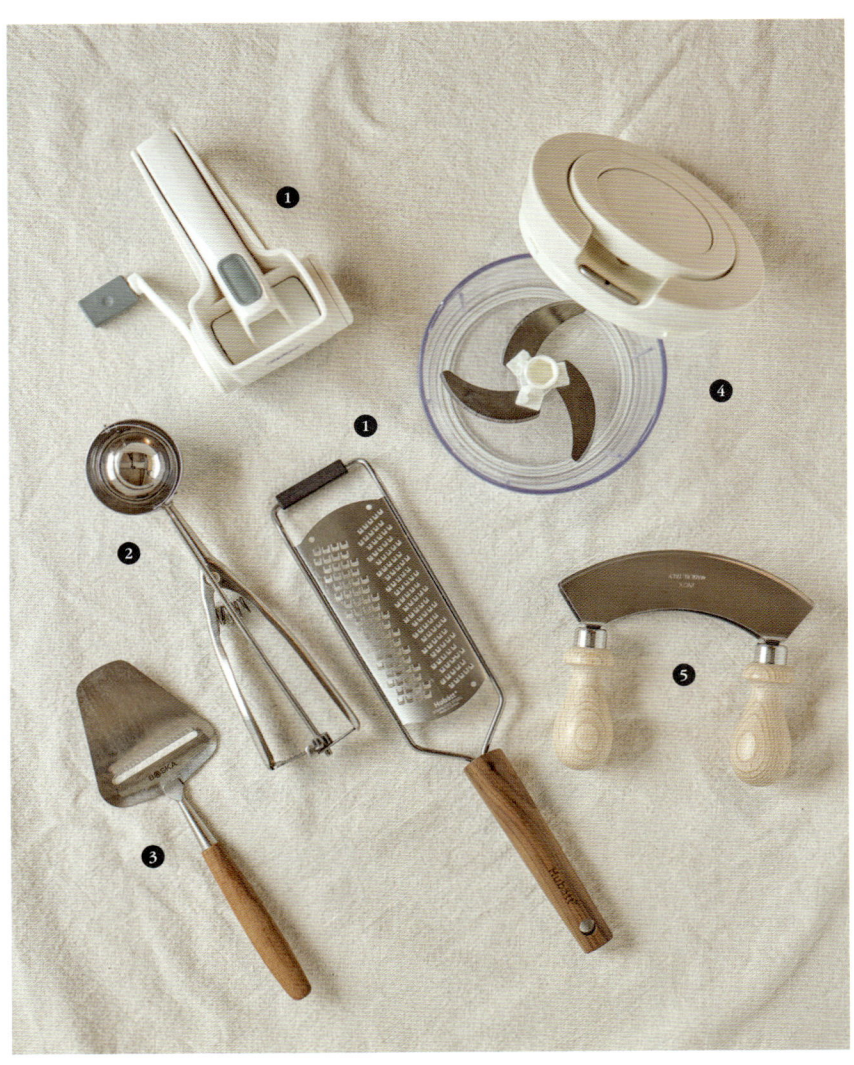

① 치즈 그라인더
치즈를 갈아주는 도구예요. 많은 양의 치즈를 갈아야 할 때는 치즈를 끼워 손잡이만 돌려주면 갈려 나오는 그라인더를 추천해요. 잣처럼 작은 견과류를 갈아낼 때도 편리하게 사용합니다. 나무 손잡이로 된 치즈 그라인더는 테이블로 가져가 사용을 하기에 좋습니다.

② 아이스크림 스쿱
아이스크림을 떠서 사용하기도 하지만, 리코타 치즈나 매쉬 포테이토를 음식에 곁들일 때 자주 사용해요. 크기가 작은 것부터 큰 것까지 사이즈별로 하나씩 준비해도 좋아요. 베이킹할 때 반죽을 팬에 담을 때도 쓸모가 있어요.

③ 치즈 슬라이서
피자 서버처럼 생겼지만 치즈를 넓게 썰어내는 도구예요. 일반 칼로 얇게 썰면 자칫 찢어질 수 있는데 치즈 슬라이스로 밀어주면 넓적하고 얇은 치즈를 만들 수 있어요.

④ 야채 스핀 다지기
재료를 많이 다져야 하는 요리가 있다면 번거로워지죠. 그럴 때 사용하는 도구입니다. 여러 가지 채소를 한번에 넣고 줄을 당겨주기만 하면 돼요. 줄을 당기는 횟수만큼 다져지는 채소의 크기를 조절할 수 있어요. 에너지도 아낄 수 있는 친환경 도구입니다.

⑤ 메잘루나(허브칼)
다큐멘터리에서 외국인이 요리할 때 사용하는 모습에 반해 저도 한번 사봤던 도구인데 의외로 자주 사용하고 있어요. 양쪽으로 잡고 칼을 움직이며 허브를 다져줍니다. 우리 요리에 자주 쓰이는 마늘을 다질 때도 유용합니다.

브런치 계량하기

계량컵(1컵=120ml)과 일반 스푼(1T=30g), 티스푼(1t=15g)을 주로 사용합니다. 양이 정확해야 하는 베이킹에는 저울(g)이 필요하지만 베이킹을 제외한 레시피 대부분은 계량컵과 스푼이면 충분해요.

PART
1

Spring

봄날의 브런치

달래 페스토

나물이 가진 향은 참 신기합니다. 쌉쌀하기도 하고 고소하기도 해요. 나물 페스토는 건강에도 좋지만 향이 제각각 달라 종류 별로 만들어두면 샌드위치나 파스타에 두루 활용하기 좋아요. 미나리나 깻잎, 참나물로 만든 페스토는 수육과 잘 어울리고 방아 잎으로 페스토를 만들어 회와 곁들이면 손님 상에 내놓아도 손색없답니다.

Ingredients

달래 100g
마늘 4개
잣 50g
엔초비 3마리
파마산치즈가루 50g
올리브오일 100g
올리브 20g

How to

1 달래는 뿌리 부분의 껍질 안쪽 흙까지 깨끗이 씻어 5cm 길이로 잘라 준비합니다.

2 블렌더에 모든 재료를 넣고 곱게 갈아줍니다.

3 뜨거운 물로 소독한 유리병에 물기를 제거하고 담아줍니다.

Tip

향이 나는 다른 재료들로 만들어도 좋습니다. 깻잎과 민트, 미나리와 바질, 고수나 달래처럼 채소들을 섞어 만들어보세요. 약간의 오일과 치즈를 곁들이면 향긋한 페스토가 완성됩니다.

봄나물 페스토 에그 샌드위치

에그 샌드위치에 페스토를 넣으면 마요네즈의 짭짤함과 촉촉함을 더해줘요. 식빵, 모닝빵, 치아바타, 베이글 등 다양한 종류의 빵을 이용해보세요. 페스토와 달걀이 만나 정말 향긋한 샌드위치가 탄생합니다. 햄이나 치즈를 추가하고 속을 적게 넣어 파니니 그릴이나 와플기에 눌러서 먹어도 너무 맛있어요.

Ingredients

모닝빵 4개
페스토 4T
달걀 3개
양파 1/2개
허니머스터드 3T
꿀 1T
소금 약간
후추 약간

+양파 절임
소금 1t, 설탕 1T, 식초 1T

+달걀 삶기
소금 1t, 식초 1t

Tip

How to

1 양파는 잘게 다진 후 소금, 설탕, 식초에 20분 정도 절여줍니다.

2 모닝빵은 뚜껑과 바닥면이 만들어지게 가로로 3/4만 칼집을 내줍니다.

3 소금과 식초를 넣은 찬물에 달걀을 넣어 물이 끓고 12분 삶아줍니다.

4 삶은 달걀은 볼에 넣어 으깨고 물기를 꼭 짠 양파, 허니머스터드, 꿀, 소금, 후추를 달걀에 넣어 섞어줍니다.

5 빵에 페스토를 바르고 4를 듬뿍 넣어줍니다.

페스토는 빵마다 1T씩 발라줍니다.

페스토 콜드 파스타

페스토로 냉장고를 채워놓으면 가장 많이 하게 되는 음식은 파스타인 것 같아요. 콜드 파스타로도 먹고 오일 파스타로 완성하고 마지막에 페스토를 올려 따뜻하게 먹는 파스타도 뚝딱 가능하거든요. 콜드 파스타는 채소를 많이 곁들일 수 있다는 게 가장 큰 장점. 봄나물이 없을 때는 샐러드 채소나 어린잎 채소로 대체해보세요.

Ingredients

카펠리니 70g
방울토마토 4개
참나물 1줌
돌나물 1줌
올리브오일 1T
소금 1t
베이컨 2줄
소시지 4개
블랙 올리브 3T
마늘 7개
페스토 3T
파마산치즈 1T

How to

1 카펠리니는 올리브오일과 소금을 넣고 삶아줍니다. 작은 방울토마토는 반으로 자르고 큰 방울토마토는 4등분해서 준비합니다.

2 참나물과 돌나물은 깨끗이 씻어 한입 크기로 준비하고 블랙 올리브는 물기를 제거해둡니다.

3 마늘은 칼 옆면으로 으깨어 다지고 소시지는 사선으로 칼집을 내고 베이컨은 2cm 크기로 잘라 준비합니다.

4 마늘과 베이컨, 소시지를 팬에 볶아주고 삶은 면을 건져 팬에 있던 모든 재료를 기름까지 넣고 섞어줍니다.

5 준비된 모든 재료를 면에 섞어준 후 페스토와 파마산치즈를 넣어줍니다.

(Tip)

얇은 카펠리니 대신 일반 파스타 면이나 펜네, 푸실리 같은 숏 파스타를 이용해도 좋습니다.

양파 스프레드

바쁜 아침이나 쉬는 날 빵 먹을 때 잼이나 스프레드가 준비되어 있으면 든든합니다. 봄에 나는 달큰한 양파로 스프레드를 만들어보세요. 봄의 양파는 맵지 않고 달큰한 맛이 나 생으로 먹어도 좋아요. 달콤한 맛이 강한 잼보다는 은은한 단맛이 매력적인 봄 양파 스프레드로 건강까지 생각한 브런치를 즐길 수 있답니다.

Ingredients

양파 2개
버터 3T
소금 약간
후추 약간
생크림 1컵

How to

1. 양파는 잘게 다져서 버터를 넣은 팬에 넣고 소금, 후추로 간을 한 후 진한 갈색으로 변하고 물기가 생겼다가 다시 졸아들 정도로 센불에 오래 볶아줍니다.

2. 물기가 없어지도록 볶은 양파를 넉넉한 깊이의 볼에 옮겨 담고 생크림을 넣어 핸드믹서로 부드럽게 갈아줍니다.

3. 다시 볶았던 팬으로 옮겨 중약불로 15분 정도 걸죽해질 때까지 졸여줍니다.

Tip

양파 스프레드는 냉장고에 일주일 정도 보관 가능합니다. 고기 요리에 곁들여 먹어도 맛있어요.

봄나물 쿠스쿠스

쿠스쿠스는 작은 좁쌀만한 크기의 파스타 종류입니다. 잘게 썬 채소와 함께 버무려 숟가락으로 떠먹는, 간편하고도 든든한 메뉴예요. 식단관리를 하시는 분들에게도 추천합니다. 또 취향에 따라 좋아하는 재료를 더하거나 빼도 실패 없는 메뉴랍니다.

Ingredients

돌나물 50g
참나물 30g
새우 100g
방울토마토 5개
양파 1/2개
블랙 올리브 100g
쿠스쿠스 1/2컵

+소스
참깨 1/2컵
올리브오일 1/2컵
소금 1/2t
후추 1/3t
마늘 1개

How to

1 돌나물과 참나물은 볼에 물을 받아 흔들어 씻어 물기를 제거하고 잘게 잘라줍니다.

2 새우는 소금을 넣은 끓는 물에 3분 정도 데쳐 물기를 제거하고 준비합니다. 방울토마토는 6등분하고 양파는 크게 다지고 블랙 올리브는 작게 썰어줍니다.

3 쿠스쿠스는 끓는 물에 소금과 올리브오일 넣어 3분 정도 삶아 체에 받아 물기를 제거해줍니다.

4 참깨와 올리브오일, 소금, 후추, 마늘을 믹서로 갈아 준비합니다.

5 모든 재료를 섞어 완성합니다.

봄나물을 넣으면 향긋하고 싱그러운 느낌이지만 샐러드 채소를 사용해 사계절 내내 활용할 수 있는 레시피랍니다. 루꼴라나 치커리 등 향이 나는 채소를 추천해요.

가지구이

가지를 싫어하던 남편이 터키의 가지 요리를 잘 먹는 모습을 보고 '앗, 이거구나!' 생각했어요. 가지를 구워주면 색다른 식감에 많은 사람들이 좋아하는 식재료로 변신합니다. 베샤멜 소스를 만들 시간이 없다면 소금, 후추를 뿌린 요거트를 올리고 올리브오일을 더해주거나 소금, 후추로 간하고 트러플오일만 뿌려줘도 맛있습니다. 짭조름한 치즈를 올리면 간단하고 맛있는 요리가 완성됩니다.

Ingredients

가지 1개
소금 약간
올리브오일 약간
각종 허브 약간

+소스
다진 마늘 1t
다진 양파 2T
버터 1T
밀가루 1T
우유 1+1/2컵
소금 1t
후추 1t

How to

1. 가지는 길게 반으로 잘라 십자 모양으로 촘촘히 칼집을 내어 소금간을 해줍니다.

2. 다진 마늘과 다진 양파는 중불에 버터를 넣고 볶아 투명해지면 밀가루를 넣고 다시 볶아줍니다. 재료들이 서로 엉겨 붙으면 우유를 넣고 덩어리가 풀어지도록 골고루 섞어줍니다.

3. 걸쭉해질 때까지 충분히 끓이다가 소금, 후추로 간해 베샤멜 소스를 만들어줍니다. 마지막에 잠시 센불로 저어가며 완성해도 됩니다.

4. 밑간해둔 가지를 칼집이 팬에 닿는 방향으로 두고 올리브오일에 구워주다가 뒤집어서 익혀주고 접시에 올려줍니다. 베샤멜 소스와 각종 허브를 곁들여 완성합니다.

Tip
가지에 칼집을 내고 물에 담궈 수분기를 흡수하게 한 후 키친타올로 겉면의 물기를 제거하고 구워주면 기름기를 덜 먹어 더욱 담백한 가지구이를 만들 수 있어요.

대파 마늘종 튀김

대파, 풋마늘, 마늘종, 두릅 등 봄 제철 채소를 튀기면 최고의 향을 음미할 수 있는 건강한 채소 튀김이 완성됩니다. 집에 있는 채소로 꼭 한번 만들어 드시기를 추천하는 메뉴예요. 여기서 재미있는 팁은 시중에 나와 있는 치킨 튀김가루를 활용하는 것. 브랜드마다 맛이 조금씩 다르지만 허브나 각종 향신료가 추가되어 있기 때문에 따로 시즈닝할 필요 없이 맛있는 튀김을 만들 수 있어요.

Ingredients

대파 흰 부분 3줄
마늘종 3줄
치킨 튀김가루 1컵
튀김옷 용 치킨 튀김가루 1컵
물 1+1/2 컵
튀김 기름 적당량

How to

1. 대파와 마늘종은 비슷한 길이로 잘라 준비합니다.
2. 썰어둔 채소에 치킨 튀김가루를 겉에 가볍게 묻혀줍니다.
3. 물과 튀김가루를 섞어 묽게 만든 튀김옷을 입혀 180도로 가열한 기름에 넣고 튀김옷이 익을 정도로만 튀겨줍니다.

Tip 대파는 흰 부분과 초록 부분을 나누어 잘라 튀겨야 알맞게 익히기 좋습니다.

판콘 토마테

건강한 나라에서는 토마토를 즐겨 먹는다고 합니다. 생마늘을 긁어 즙을 내어 구운 바게트에 묻혀주고, 토마토를 긁어 올려 만들어 먹는 판콘 토마테는 건강하고 맛있고 간편한 브런치 메뉴로 손색없어요. 토마토 페이스트를 활용한다면 더욱 간편한 브런치를 즐길 수 있답니다.

Ingredients

바게트 3조각
토마토 페이스트 3T
후추 약간
올리브오일 1T

How to

1. 바게트는 잘라서 토스터나 에어프라이어에 살짝 구워줍니다.
2. 토마토 페이스트를 바른 후 후추와 올리브오일을 뿌려줍니다.

Tip

마늘과 후추, 로즈메리나 타임 같은 허브를 넣은 오일을 뿌려 먹으면 풍미가 더욱 좋아집니다.

참치 샌드위치

채소 다지는 다소 번거로운 일만 야채 다지기에 맡기면 정말 간편하고 빠르게 만들 수 있는 샌드위치가 바로 참치 샌드위치예요. 남은 채소와 참치는 고소한 참기름을 더해 주먹밥을 만들어 먹어도, 휘리릭 볶아 볶음밥 재료로 활용해도 좋아요.

Ingredients

샌드위치빵 2장
참치 150g
빨간 파프리카 1/2개
오이 1/2개
양파 1/4개
옥수수콘 2T
마요네즈 5T
소금 1/2 t
후추 1/2 t
로메인 상추 약간

How to

1 참치에 기름기를 빼고 준비합니다.

2 파프리카는 씨를 제거하고 오이, 양파와 함께 사방 0.5cm 정도의 비슷한 크기로 잘게 썰어 한곳에 모아 줍니다.

3 빵과 상추를 제외한 모든 재료를 넣고 소금, 후추로 간 해줍니다.

4 샌드위치빵에 로메인 상추를 깔고 참치를 올려 샌드위치를 완성합니다.

Tip

양파가 매울 때는 잘게 썰어 찬물에 담갔다 사용하거나 식초를 1T 정도 넣은 물에 넣었다 물기를 제거하고 사용하세요.

오이 블루치즈 샌드위치

콤콤한 향이 나는 블루치즈는 의외로 많은 재료들과 어울려요. 블루치즈를 구워주면 그 콤콤함이 고소한 향이 되고 꿀과 찰떡궁합으로 잘 어울려 별다른 소스 없이도 완성도 높은 음식이 되기 때문이죠. 사과나 감, 특히 홍시와 너무나 잘 어울립니다. 오이는 소금에 살짝 절여 아삭한 맛을 살리고, 여기에 블루치즈를 더하면 그야말로 꿀조합이 완성된답니다.

Ingredients

빵 2쪽
오이 1개
블루치즈 100g
꿀 3T
소금 약간

How to

1   오이는 깨끗이 씻어 얇게 슬라이스해 소금으로 골고루 간해서 준비합니다.

2   살짝 절여진 오이의 물기를 키친타월로 제거하고 블루치즈와 오이를 빵 위에 올려줍니다.

3   180 정도의 토스터나 오븐에 치즈가 녹을 정도로 윗면을 5분정도 구워줍니다.

4   꿀을 골고루 뿌려 먹습니다.

Tip

오이는 얇게 슬라이스할수록 절이는 시간이 줄어들어요. 얇은 오이는 1분 정도만 살짝 절여줘도 충분합니다.

에어프라이어 치아바타

특유의 담백한 맛을 지닌 치아바타는 어느 요리에 곁들여도 잘 어울려요. 무반죽 레시피도 많이 알려진 만큼 만들기 너무 쉬운 빵 중 하나인데요. 오븐이 없다면 이마저도 쉽지 않겠죠. 그래서 에어프라이어로 치아바타 만드는 방법을 공개합니다. 발효는 추운 날에는 2~3시간, 따뜻한 온도에서는 30분 정도. 반죽이 부푸는 양을 보고 가늠합니다.

Ingredients

밀가루 250g
드라이이스트 4g
설탕 4g
소금 4g
올리브 60g
올리브오일 25g
따뜻한 물 150ml

How to

1 손가락을 넣었을 때 따뜻한 정도의 물에 이스트와 설탕을 넣어 준비합니다.

2 밀가루와 소금을 넣어 숟가락으로 가루가 보이지 않게 섞고 올리브와 올리브오일을 넣어 한 덩어리가 되도록 섞어줍니다.

3 완벽히 한 덩어리가 될 때까지 10분 정도 섞어 반죽하고 볼에 랩을 씌워 1.5배가 될 때까지 발효시킵니다.

4 반죽이 부풀면 반죽을 늘려 반으로 접고, 다시 늘려 반으로 접는 과정을 10회 정도 반복합니다.

5 반죽을 반으로 잘라 모양을 잡고 베이킹 팬에 담아 다시 1.5배가 될 때까지 발효시킵니다.

6 200도로 예열한 오븐이나 에어프라이어에 20분 구워준 후 빵을 뒤집어 10분 정도 더 구워줍니다.

캐러멜 베이컨 샌드위치

친구들을 초대해 브런치 타임을 함께하던 날. 구운 베이컨을 준비했는데 시판 베이컨마저 맛있게 굽는 여자라며 극찬을 받았어요. 사실 베이컨을 구울 때 메이플시럽이라는 치트키를 사용합니다. 메이플시럽을 넣어 캐러멜라이징한 베이컨은 정말이지 단짠의 정석, 누구나 반할 만한 조합이에요.

Ingredients

치아바타 1개
베이컨 4장
메이플시럽 3T
루꼴라 또는 샐러드 채소 1줌
양파 1/4개
브라운치즈 20g
홀그레인 머스터드 1T
버터 1T

How to

1 베이컨은 팬에 기름을 넣지 않고 센 불에 굽다가 바닥면이 익으면 뒤집어 중불로 줄이고 메이플시럽을 넣고 졸여줍니다. 이때 너무 바짝 졸이면 베이컨이 딱딱해서 먹기 힘들어질 수 있으니 촉촉하게 졸여야 해요.

2 버터와 홀그레인 머스터드를 빵 위아래에 발라주고 잘게 썬 양파와 루꼴라를 올려줍니다.

3 베이컨을 올리고 브라운치즈를 올려 완성합니다.

Tip 베이컨을 부드럽게 요리하고 싶다면 앞뒤로 구운 뒤 불을 끈 상태에서 메이플시럽을 넣어 앞뒤로 코팅해줍니다.

에그인헬

토마토와 달걀은 정말 잘 어울리는 단짝입니다. 터키에서는 메네멘이라고 부르고 미국에서는 에그인헬, 유럽에서는 샥슈카라고 불리는데, 레시피는 조금씩 달라도 토마토와 달걀의 조합이라는 점만은 모두 같아요. 그만큼 여러 나라에서 사랑받는 조합입니다. 여기에 소시지나 페페로니를 곁들여주면 더욱 맛있는 브런치를 즐길 수 있어요.

Ingredients

방울토마토 100g
양파 1/4개
마늘 4개
소시지 5개
달걀 2개
소금 1/2t
후추 1/2t
올리브오일 2T
이탈리안 파슬리 3줄기 또는
마른 파슬리가루 1t

How to

1. 방울토마토는 반으로 자르고 양파와 마늘은 잘게 다져줍니다.
2. 테이블에 바로 올릴 수 있는 팬에 올리브오일을 두르고 토마토와 양파, 마늘을 소금, 후추로 간하며 볶아줍니다.
3. 소시지에 칼집을 넣어 칼집낸 부분이 벌어질 때까지 볶아주고 달걀을 간격을 두고 올려줍니다.
4. 팬 뚜껑을 덮어 약불에 5분 정도, 달걀이 반숙이 될 정도로 익혀주고 마지막으로 다진 이탈리안 파슬리를 올려 마무리합니다.

Tip

똑같은 레시피에서 달걀을 메추리알로 바꾸어 요리해보세요. 머핀 컵이나 수플레 틀에 만들면 아이들 파티 요리로도 손색없어요.

알싸한 고추기름

한 달에 두 번 정도 만들어 냉장 보관해두는 우리 집 브런치 필수템입니다. 냉장고에 2주 정도 보관해도 고소한 향이 그대로 남아 맛있어요. 기름이 끓어오르는 소리와 알싸한 향기에 만들면서 기분전환도 되고요. 자칫 느끼하거나 밋밋할 수 있는 브런치 메뉴에 약간만 곁들여도 풍미와 맛을 확 끌어올려줍니다.

Ingredients

식용유 500ml
고춧가루 3T
다진 마늘 2T
새우가루 2T
표고버섯가루 1T
다진 파 1줄기

How to

1 기름을 작은 냄비에 넣고 끓여줍니다.

2 기름이 끓는 동안 고춧가루와 다진 마늘, 새우가루, 표고버섯가루, 다진 파를 섞어줍니다.

3 거름망에 커피 필터를 올리고 2를 반 정도만 차게 담아줍니다.

4 기름이 뜨거워 끓어오르면 3에 천천히 부어줍니다.

(Tip)

유리 저그는 깨질 위험이 있으니 스테인리스 재질을 추천합니다. 거름망이 작다면 두 세 번 나누어 담아 기름을 부어주세요. 냄비는 기름을 따라내기 쉽도록 홈이 파인 편수 냄비가 편해요. 거름망이 없다면 재료를 모두 잘게 다져주세요. 중불에 기름과 다진 재료를 넣고 천천히 온도를 올려 기포가 올라오면 불을 끄고 잠시 두었다가 걸러서 사용합니다. 자칫 오래 요리하면 탄 맛이 날 수 있으므로 주의하세요.

매콤 수란 샐러드

수란에 매콤한 고추기름을 더하면 얼마나 맛있는지 몰라요. 터키 요리를 공부할 때 배운 레시피입니다. 샐러드 채소와 고소한 반숙의 노른자, 매콤하고 부드러운 고추기름을 더하고 요거트를 더해주면 터키의 칠비르라는 음식이에요.

Ingredients

고추기름 약간
달걀 2개
허니 머스터드 1T
샐러드 채소 또는 루꼴라 1줌
베이컨칩 약간
소금 약간
식초 1T

How to

1. 깊이가 깊은 냄비에 물 1.5리터와 식초를 넣고 물을 끓여줍니다.
2. 물이 끓으면 중불로 바꾸고 젓가락으로 물이 회오리 모양이 만들어지도록 저어줍니다.
3. 달걀을 미리 작은 볼에 깨두었다가 회오리 가운데로 떨궈주고 가만히 익혀줍니다.
4. 구멍난 국자나 작은 체로 조심스레 건진 수란은 샐러드 채소에 올려주고 베이컨칩, 허니 머스터드와 고추기름을 얹어 먹습니다.

Tip

수란 만들기가 자신 없다면 팬에 중불로 달걀프라이를 하듯 익히다가 반숙이 되면 뚜껑을 덮고 1분 정도만 더 익혀보세요. 반숙처럼 윗면도 살짝 익은 달걀프라이를 만들 수 있습니다.

매콤 시트러스 치킨구이

외국 요리책에서 처음 발견했을 때는 의외의 조합이라 생각했어요. 하지만 오렌지나 귤에서 나는 시트러스 향이 닭 요리에 너무나 잘 어울리는 걸 알고는 닭을 마리네이드할 때나 조림에 사용하기도 합니다. 치폴레가 없다면 다진 청양고추를 이용해도 좋습니다. 치폴레는 필요한 만큼 사용한 뒤 밀폐용기에 넣어 냉동 보관하다가 필요할 때마다 꺼내 사용합니다.

Ingredients

귤 100g
치폴레 100g
마요네즈 4T
닭다리살 500g
타임 2줄기
로즈메리 2줄기
다진 마늘 1T
소금 약간
후추 약간

How to

1 귤은 반으로 자르고 껍질째 즙을 내어 준비합니다.

2 치폴레는 잘게 다지고 다진 마늘, 마요네즈와 섞어줍니다.

3 닭다리살은 4cm 크기로 잘라 준비하고 1의 귤즙과 소금, 후추로 밑간합니다.

4 2의 치폴레 마요네즈를 닭에 골고루 버무려줍니다.

5 타임, 로즈메리와 귤즙을 짜고 남은 귤을 곁들여 센불에 볶아줍니다.

Tip

180도 에어프라이어에 20분 조리하면 육즙이 많이 나와요. 여기에 빵을 찍어먹거나 파스타를 곁들여 먹어도 맛있습니다.

딸기 연어 크레이프

연어의 고소함과 딸기의 상큼함이 잘 어울리는 음식이에요. 딸기 연어 샐러드를 크레이프 위에 올려 프렌치 갈레트처럼 먹어도 맛있어요. 메밀 반죽으로 만드는 프랑스의 갈레트도 만들기 쉽지만, 간편하게 요리하고 싶다면 시중에 판매하는 크레이프를 사용하세요. 딸기 연어 샐러드만 곁들이면 정말 멋진 브런치가 완성됩니다.

Ingredients

딸기 7개
연어 100g
양파 1/3개
올리브오일 2T
레몬즙 1T
소금 1/2t
후추 1/3t
훈제 파프리카 파우더 1/2t
민트 약간

+크레이프 반죽
달걀 60g 1개
우유 100ml
밀가루 30g

How to

1 딸기는 흐르는 물에 깨끗이 씻어 꼭지를 따고 4등분해주고 양파는 잘게 다져 준비합니다.

2 올리브오일과 레몬즙, 소금, 후추, 훈제 파프리카 파우더를 넣고 잘 섞어줍니다.

3 연어는 1cm 크기로 잘라 딸기와 다진 양파, 2를 넣고 섞어줍니다.

4 크레이프 반죽 재료를 섞고 팬에 달걀 지단을 만들듯이 아주 얇게 약불로 양면을 구워줍니다.

5 만들어진 크레이프 위에 섞어놓은 딸기와 연어를 올리고 민트를 올려줍니다.

크레이프 반죽이 남았다면 기름종이를 덧대어 냉동 보관하세요. 다음에 크레이프 요리할 때 한결 간편해져요.

크로플바

너무나도 유명해진 크로플. 그 덕분에 냉동 생지 쟁여두고 계신 분들이 많을 것 같아요. 얼마나 좋은 냉동 생지를 사용하느냐도 중요하지만, 핵심은 얼마나 해동을 잘해서 발효시킨 후 익히느냐가 관건입니다. 냉동실에 남은 크로와상 생지로는 크로플뿐만 아니라 여러 가지 요리로 변형하며 응용해보세요. 겨울날의 브런치에서 소개하는 비프 웰링턴(195p 참고)도 크로플 생지를 사용할 수 있습니다.

Ingredients

크로와상 생지 6개
설탕 6T
견과류 1줌
브라운치즈 10g
아이스크림 스틱 또는
일회용 젓가락 6개

How to

1. 크로와상 생지는 냉동에서 꺼내어 3cm 간격으로 오븐 팬이나 접시에 담아주고 30분에서 1시간 정도 충분히 해동을 해줍니다.

2. 말랑하고 통통해진 크로와상 생지 가운데에 아이스크림 스틱이나 일회용 젓가락을 꽂아줍니다.

3. 와플팬에 크로와상 생지를 올리고 설탕을 묻혀 약불에 팬을 돌려가며 익혀줍니다.

4. 캐러멜라이즈된 크로플에 견과류, 브라운치즈 등을 올려줍니다.

Tip 다양한 치즈와 과일을 활용해 나만의 크로플바를 즐겨보세요.

부라타 토마토 크로플

부라타치즈와 크로플의 만남. 인기 좋은 두 가지 재료가 만나면 당연히 맛있고 보기에도 좋은 브런치를 만들 수 있답니다. 썬드라이드 토마토를 더해 상큼한 맛까지 즐길 수 있는 브런치를 만들어보세요.

Ingredients

크로와상 생지 2개
썬드라이드 토마토 10개
부라타치즈 1개
훈제 파프리카 파우더 약간

How to

1   크로와상 생지는 꺼내어 30분에서 1시간 정도 충분히 녹을 때까지 해동을 해줍니다.

2   와플팬에 넣고 약한 불로 양면을 3분 정도 구워줍니다.

3   구워진 크로플에 썬드라이드 토마토와 부라타치즈를 올리고 훈제 파프리카 파우더를 뿌려줍니다.

Tip 베이컨이나 살라미, 페퍼로니를 곁들여 먹어도 좋아요.

오렌지 시나몬 팬케이크

브런치에 빠질 수 없는 팬케이크는 직접 반죽해서 만들기도 하지만, 시판용 팬케이크를 사용하면 더 쉽게 만들 수 있어요. 요리가 편하면 아무래도 자주 하게 되니까요. 직접 반죽할 때 요거트를 섞어주면 더욱 특별한 팬케이크를 만들 수 있어요. 시트러스 과일과 팬케이크의 궁합도 좋아요. 오렌지를 구운 것처럼 바짝 조려 시나몬 파우더와 꿀을 더하면 달콤 상큼 팬케이크가 완성됩니다.

Ingredients

오렌지 1개
버터 2T
시나몬 파우더 1/2t
설탕 2T
소금 약간

+팬케이크
팬케이크 파우더 500g
요거트 100g
달걀 2개
우유 170ml

How to

1. 오렌지는 껍질째 사용하기 때문에 겉면을 베이킹소다로 깨끗이 세척해 슬라이스해서 준비합니다.
2. 슬라이스한 오렌지에 버터, 시나몬 파우더, 설탕, 소금을 넣고 껍질이 반투명해지고 물기가 없을 정도로 조려줍니다.
3. 팬케이크 반죽의 재료를 모두 섞고 30분 정도 휴지시킨 후 센불로 한 번 예열한 팬에 버터를 녹이고 구워줍니다.

> **Tip**
>
> 반질반질 맛깔난 갈색이 나는 팬케이크를 만들고 싶다면 팬을 센불에서 한 번 예열해줍니다. 팬이 뜨거워지면 살짝 식혀주고 식용유나 버터를 팬에 코팅될 정도로만, 카친타월로 살짝 발라주세요. 약불에 구워주면 예쁜 팬케이크를 만들 수 있습니다.

더치 베이비와 딸기 아이스크림

오븐에서 풍선처럼 부풀었다가 꺼내면 순식간에 못난이 빵처럼 푹 꺼져버리는 더치 베이비는 너무 맛있어서 모양 따위는 신경 쓰이지 않는답니다. 미리 만들어 냉장고에 넣어둔 차가운 반죽을 예열된 팬에 굽는 독일식 팬케이크인데요. 부드러운 팬케이크보다 조금 더 쫄깃한 식감으로, 그 위에 맛있는 과일과 아이스크림을 올려 근사한 브런치 메뉴로 즐길 수 있어요.

Ingredients

딸기 100g
설탕 2T
레몬즙 1t
바닐라 아이스크림 1스쿱

+더치 베이비
밀가루 2/3컵(70g)
우유 1컵
달걀 2개
설탕 2T
소금 1/4t
버터 약간

How to

1 딸기는 4등분해서 설탕과 레몬즙에 버무려줍니다.

2 달걀에 설탕을 넣어 설탕이 다 녹을 때까지 저어줍니다.

3 우유를 넣어 다시 저어주고 밀가루와 소금을 함께 넣고 냉장고에 넣어줍니다.

4 200도 오븐에 팬을 넣어 뜨겁게 예열하고 꺼내어 버터로 팬을 코팅시켜준 후 차가운 반죽을 넣고 15분 정도 구워줍니다.

5 크게 부푼 더치 베이비를 꺼내어 딸기와 아이스크림을 올려줍니다.

Tip

팬은 뜨겁게, 반죽은 차갑게! 그래야만 제대로 부푼 더치 베이비가 완성됩니다.

체리 베리 요거트

체리와 블루베리를 가득 넣은 요거트를 크게 한입 먹으면 덜 깬 아침잠마저 달아나는 상큼한 맛이 납니다. 피곤하다가도 상쾌하게 하루를 시작할 수 있는 힘이 나요. 제철 과일을 다양하게 올려 활용할 수 있는 요거트 볼이에요. 상큼한 무언가가 먹고 싶을 때, 가볍게 한 끼 해결하고 싶을 때 가장 추천하는 메뉴랍니다.

Ingredients

체리 5개
블루베리 1줌
그릭 요거트 2컵
꿀 약간
그래놀라 약간

How to

1. 체리는 십자로 칼집을 내어 씨앗을 제거해줍니다.
2. 블루베리는 깨끗이 씻어 준비합니다.
3. 요거트에 잘라둔 체리와 블루베리를 올리고 꿀과 그래놀라를 올려 완성합니다.

Tip

묽은 요거트밖에 없을 때는 체에 요리용 거즈와 요거트를 올려 물기를 제거해줍니다. 그래놀라가 없다면 메이플 시럽에 오트밀을 버무려 약불의 팬에 볶거나 180도 오븐 또는 에어프라이어에 5분 정도만 구워주세요.

PART
2

Summer

여름날의 브런치

베리베리 포리지

포리지는 귀리를 빻은 오트밀로 만드는 음식이에요. 잘 끓이면 곡물의 단맛이 풍부하게 나서 포리지만으로도 달달해요. 속 아플 때 죽 대용으로, 식단 조절할 때 포만감을 주는 음식으로도 좋아요. 여기에 제철 과일을 잘라 올려주면 산뜻한 아침 식사가 완성됩니다.

Ingredients

블루베리와 베리 믹스 1줌
바나나 1개
물 200ml
우유 200ml
오트밀 100g
꿀 2T
시나몬파우더 약간

How to

1 물에 오트밀을 넣어 약불에 불리듯 끓여줍니다.

2 물이 끓어오르면 우유를 넣고 중불에 5분 정도 끓여주고 식혀줍니다. 오트밀이 너무 불어서 물기가 없다면 물이나 우유를 조금 더 추가해 섞어주세요.

3 포리지 위에 블루베리, 베리 믹스, 바나나로 토핑을 올려주고 꿀과 시나몬 파우더 등을 뿌려 완성합니다.

Tip 말린 과일이나 견과류를 곁들여 먹어도 맛있어요.

고르곤졸라 포테이토 샐러드

쿠킹 클래스에서 여러 번 소개했을 정도로 인기 있는 샐러드입니다. 추억의 사라다를 재해석했다고 설명하곤 하는데요. 채소가 시들어버리는 다른 샐러드에 비해, 냉장고에 보관해두고 먹을 수 있다는 점도 매력적이죠. 마요네즈 대신 고르곤졸라치즈와 발사믹 식초가 들어가 풍부한 향과 상큼한 맛을 더합니다.

Ingredients

감자 4개
견과류 1줌
말린 과일 1줌
오이 1/2개
방울토마토 4개
고르곤졸라치즈 2T
발사믹 식초 1T
꿀 2T
올리브오일 3T
소금 1/3t
후추 1/3t

How to

1. 감자는 껍질을 제거하고 한입 크기의 사각형 모양으로 잘라 끓는 물에 10분 삶아 건져줍니다.

2. 견과류는 잘게 다져서 준비하고 말린 과일도 작게 잘라 준비합니다. 오이와 방울토마토는 감자와 같은 크기로 잘라줍니다.

3. 삶은 감자를 건져 감자가 따뜻할 때 고르곤졸라치즈를 넣고 섞은 후 견과류와 말린 과일, 오이, 방울토마토를 넣어줍니다.

4. 발사믹 식초와 꿀, 올리브오일, 소금, 후추를 넣어 섞어줍니다.

Tip

감자는 종류마다 조금씩 질감이 다르니 너무 뭉개지지 않게 삶아 주는 것이 맛있어요. 견과류는 땅콩, 해바라기씨, 호박씨, 아몬드 슬라이스 등 다양하고 풍부하게 준비해요.

채소밭 샐러드

양파와 토마토, 오이를 매콤하게 버무려 먹는 간단한 레시피입니다. 몇 년째 애정하는 메뉴인데, 파프리카 파우더를 넣기도 하고 고춧가루나 다진 고추를 넣어 매콤하게 먹는 게 포인트예요. 버터 가득 발라 구운 빵에 올려 먹어도 너무 맛있고 고기, 소시지, 오믈렛과도 잘 어울려요.

Ingredients

토마토 1개
오이 1개
양파 1/2개
고추 1/2개
올리브오일 2T
소금 1t
후추 1t
고운 고춧가루 1/2 t
레몬즙 2T
파슬리 또는 파슬리 가루

How to

1 토마토, 오이, 양파는 잘게 다지듯 1cm나 그보다 작은 크기로 썰어줍니다.

2 고추와 파슬리는 잘게 다져 준비합니다.

3 볼에 모든 재료를 넣고 잘 섞어줍니다.

Tip

냉장고에 30분 이상 두었다가 먹으면 더 맛있습니다.

페타치즈 수박 샐러드

독특하고 의외의 조합처럼 느껴질 수 있지만 질 좋은 엑스트라 버진 올리브오일과 소금, 후추를 하나씩 장만해야 하는 이유를 알게 해주는 샐러드예요. 간단한 재료로 레스토랑 부럽지 않은 샐러드를 탄생시켜주는 비결이 바로 오일과 소금, 후추랍니다.

Ingredients

수박 300g
페타치즈 100g
엑스트라 버진 올리브오일 3T
소금 1/2t
후추 1/2t
민트 약간

How to

1 수박은 2cm 크기로 잘라 준비합니다.

2 페타치즈를 접시에 담고 수박을 올려준 후 소금과 후추, 엑스트라 버진 올리브오일을 뿌려주고 민트로 장식해줍니다.

(Tip) 페타치즈는 많이 짤 수도 있기 때문에 먼저 맛을 보고 소금은 빼고 만들어도 됩니다.

부라타치즈 과일 샐러드

부라타치즈는 어느 과일이나 잘 어울려요. 상큼한 과일에 달콤한 꿀을 더하면 더욱 완벽한 조합. 피곤이 몰려올 때 비타민 가득한 과일들 듬뿍 담아 먹으며 여유로운 브런치 타임을 가져보세요. 기분 좋은 무지갯빛 과일을 준비하면 더욱 특별한 테이블이 완성됩니다.

Ingredients

다양한 색깔의 과일 적당량
부라타치즈 1개
꿀 2T

How to

1 과일은 가장 작은 크기에 맞추어 잘라줍니다.
2 부라타치즈를 접시 가운데 놓고 과일을 담아준 후 꿀을 뿌려줍니다.

Tip

과일은 딸기, 귤, 바나나, 청포도, 적포도 등 다양한 색상으로 골고루 준비해요. 여기에 프로슈토를 곁들이면 더욱 풍성하고 영양가 있는 샐러드가 완성됩니다.

초당옥수수 브루스케타

한철에만 잠깐 나오는 제철 음식은 시기를 놓치지 않고 열심히 먹어줘야 해요. 초당옥수수도 그런 식재료 중 하나. 그냥 먹기도 하고 샐러드에 넣어 먹어도, 밥을 지어 먹어도 맛있는 초당옥수수를 빵 위에 얹어 먹으면 여름날의 브런치 메뉴로 손색없어요.

Ingredients

바게트 4조각
초당옥수수 1개
버터 2T
브리치즈 1/2개
꿀 약간

How to

1. 바게트에 버터를 골고루 발라주고 브리치즈를 얇게 슬라이스해서 올려줍니다.
2. 초당옥수수를 칼로 알맹이 부분만 자르거나 손으로 발라 바게트 위에 올려줍니다.
3. 꿀을 뿌려주고 180도 오븐이나 에어프라이어에 5분 구워줍니다.

Tip 바게트 한 조각에 버터 1/2T를 발라주면 적당해요.

베이컨 감자 뢰스티

프랑스식 감자전이라고 소개하고 싶은 메뉴예요. 감자전과 다른 점이 있다면 감자를 최대한 얇게 썰어줄 것. 얇은 만큼 더 맛있는 뢰스티를 만들 수 있어요. 베이컨뿐만 아니라 소시지, 버섯, 달걀 등 여러 가지 재료와 잘 어울려요.

Ingredients

감자 2개
베이컨 2줄
와일드 루꼴라 20g
바질 10g
후추 1/4t
소금 1/4t
파마산치즈가루 1T

How to

1 감자는 껍질을 벗기고 얇게 채 썰어줍니다. 물에 담그면 전분기가 빠지기 때문에 물에 담그지 않고 준비합니다.

2 베이컨은 1cm 크기로 잘라 팬에 구워줍니다.

3 채썬 감자에 베이컨을 구우며 나온 기름과 베이컨을 섞고 소금과 후추, 파마산치즈를 넣어 골고루 섞어줍니다.

4 오일을 두른 팬에 반죽을 굽고 루꼴라와 바질을 잘게 잘라 올려준 후 파마산치즈를 뿌려 먹습니다.

Tip

전분기가 없는 감자로 만들 때는 전분을 2T 정도 넣어보세요.

에어프라이어 프리타타

치즈의 풍미를 제대로 느낄 수 있는 프리타타. 달걀의 익힘 정도에 따라 식감과 맛이 달라지는 재미있는 요리예요. 부드러운 치즈와 어울린다면 다양하게 곁들여 즐겨보세요. 베이컨이나 다져서 볶은 각종 채소를 추천합니다.

Ingredients

달걀 4개
양파 1/4개
양송이버섯 2개
시금치 30g
바질 5장
썬드라이드 토마토 20g
파마산치즈가루 1T
까망베르치즈 1개

How to

1 양파는 잘게 슬라이스해서 준비하고 양송이버섯도 넓적하게 슬라이스해서 준비합니다.

2 시금치와 바질은 2cm 정도의 크기로 잘라줍니다.

3 팬에 양파와 양송이버섯, 시금치를 3분 정도 가볍게 볶아줍니다.

4 오븐이나 에어프라이어 용기에 볶은 양파, 버섯, 시금치를 넣고 바질, 썬드라이드 토마토를 넣어줍니다.

5 달걀에 파마산치즈를 넣고 4와 골고루 섞어준 후 까망베르치즈를 가운데에 올려줍니다. 에어프라이어 180도에 20분 구워줍니다.

Tip 시금치는 루꼴라로, 까망베르치즈는 브리치즈로 대체해도 좋아요.

토마토 버터 잠봉뵈르

잠봉은 햄, 뵈르는 버터를 뜻한다는 설명이 필요 없을 만큼 잠봉뵈르의 인기가 대단합니다. 썬드라이드 토마토의 오일을 제거하고 다져서 버터와 섞은 토마토 버터는 잠봉과 너무나도 잘 어울리는데요. 상큼한 맛을 더하기 위해 썬드라이드 토마토를 다져서 넣거나 루꼴라를 추가해 만들기도 해요.

Ingredients

바게트 1개
잠봉 2장
토마토 버터 약간
루꼴라 1줌

How to

1 바게트를 가로로 잘라 양면에 토마토 버터를 꼼꼼하고 두툼하게 발라줍니다.

2 루꼴라나 샐러드 채소를 올려줍니다. 이때 취향껏 치즈를 넣어도 좋아요.

3 잠봉을 접어서 골고루 올려주고 빵 뚜껑을 덮어 완성합니다.

Tip

실온에 두어 부드러운 버터 450g 기준 썬드라이드 토마토 100g을 아주 잘게 다져 섞고 다시 굳혀 큐브로 만들어 보관하세요.

썬드라이드 토마토

썬드라이드 토마토는 브런치 만들 때 잘 쓰이는 재료 중에 하나예요. 터키산 토마토 마리네이트라는 냉동 제품을 사서 소분해두거나 토마토를 말려서 오일에 담은 썬드라이드 토마토를 사서도 쓰지만 직접 만들어서 냉동 보관했다가 그때그때 여러 요리에 사용하고 있습니다.

Ingredients

토마토 500g
올리브오일 1/2컵
소금 1T
후추 1t
로즈메리 3줄기

How to

1. 방울토마토는 반으로 자르고 일반 토마토는 웨지 모양으로 잘라 단면을 윗쪽으로 하고 올리브오일을 골고루 발라준 후 소금, 후추를 골고루 뿌려줍니다.
2. 로즈메리를 골고루 뿌려줍니다.
3. 120도 오븐이나 에어프라이어에 한시간 반에서 두시간 구워줍니다.
4. 냉동 보관하거나 오일에 담가 보관합니다.

Tip 로즈메리 대신 다양한 말린 허브를 사용해도 좋아요. 바질이나 타임, 파슬리 등을 추천해요.

토마토 스프레드

토마토잼이라고 이름을 붙일까 스프레드라고 할까 고민한 레시피입니다. 잼이라고 하면 흔히 달달한 맛을 상상하기에 아무래도 스프레드가 더 어울리는 듯해요. 어느 빵에 발라 먹어도 맛있으니 다양하게 활용해보세요.

Ingredients

썬드라이드 토마토 1/2컵
마늘 4개
견과류 1줌
올리브오일 1/2컵
바질 1/2컵
발사믹 식초 3T
파마산치즈 3T
소금 약간

How to

1. 오일에 담가 보관했던 썬드라이드 토마토에서 토마토만 건져냅니다.
2. 마늘은 꼭지를 제거해 준비합니다.
3. 모든 재료를 믹서에 넣고 부드럽게 갈아줍니다.

Tip 아이가 있는 집이라면 마늘 대신 꿀을 1T 넣어보세요.

토마토 스튜

진한 토마토 스튜는 식사로도 와인 안주로도 잘 어울리는 음식이에요. 이 레시피에 홍합과 화이트와인을 추가해서 손님 초대 음식으로도 활용해보세요.

Ingredients

베이컨 3장
양파 1/2개
양배추 4장
토마토 1개
당근 1/3개
물 500ml
베이크드 빈 2T
월계수 잎 3장
고형 치킨스톡 1개
버터 1T
소금 1t
후추 1t

How to

1 베이컨, 양파, 양배추는 같은 크기로 잘라 준비합니다.

2 토마토는 크게 큐브 모양으로 썰고 당근은 어슷 썰어 준비합니다.

3 냄비에 버터를 넣고 양파, 양배추, 당근, 베이컨을 넣어 볶아줍니다.

4 베이컨이 익을 정도로 볶아지면 토마토를 넣고 토마토가 물러질 때까지 볶아줍니다.

5 채소들이 잘 익으면 물과 베이크드 빈, 월계수 잎과 소금, 후추, 치킨스톡을 넣고 20분 끓여 완성합니다.

Tip

4의 과정에 토마토 페이스트 1T 정도 추가해 볶아주면 더욱 진한 맛의 토마토 스튜가 완성됩니다.

토마토 포카치아

활용도 높은 몇 가지 재료들을 준비해 잘 보관하면 포카치아처럼 근사한 브런치 메뉴도 손쉽게 만들 수 있어요. 썬드라이드 토마토는 빠지지 않고 만들어 보관하는 재료이고, 베이컨과 올리브도 한번에 다 먹지 못해 소분해 보관하다가 다양한 요리에 활용해보세요.

Ingredients

중력분 300g
이스트 4g
설탕 8g
소금 3g
미지근한 물 200ml
올리브오일 40ml

+토핑
올리브 1T
썬드라이드 토마토 1T
적양파 1/4개
바질 1줄기
올리브오일 2T
그라나 파다노 치즈 약간

How to

1. 따뜻한 물에 설탕과 이스트를 녹이고 밀가루와 소금, 올리브오일을 넣어 섞어줍니다. 숟가락으로 덩어리가 만들어질 때까지 섞어주고 한 덩어리가 되면 손 반죽으로 3분 정도 치대다가 동그랗게 만들어줍니다.

2. 반죽을 볼에 넣어 랩을 씌우고 실온에 한 시간 정도 발효시킨 후 두 배로 부풀면 반죽을 꺼내어 동그랗게 모양을 만들어 오븐에 넣을 팬에 올려줍니다.

3. 손가락으로 단추구멍 같은 숨구멍을 내고 올리브와 토마토, 적양파 슬라이스를 골고루 올리고 바질을 잘게 다져 올리브오일에 섞어 빵의 겉면에 발라줍니다.

4. 랩이나 젖은 행주로 덮고 오일이 스며들도록 30분 정도 발효시킨 후 200도 오븐에 15분 구워주세요. 오븐에서 꺼낸 후 바로 그라나 파다노 치즈를 뿌려줍니다.

오일이 반죽에 잘 스며들수록 맛있는 포카치아가 완성됩니다.

채소 누들 샐러드

가볍게 먹을 수 있는 채소 샐러드예요. 동남아를 여행하며 먹던 음식을 떠올리며 만들어봤는데, 브런치 메뉴로도 손색없어요. 마치 여행지에 와 있는 듯한 기분은 덤. 시즈닝을 뿌려 구운 새우와 함께 먹어도 잘 어울립니다.

Ingredients

무 1/3개(약 190g)
당근 1/2개
오이 1개
초당옥수수 2T
고수 약간

+소스
올리브오일 3T
소금 약간
피쉬소스 1t
고춧가루 1/4t
설탕 2T
레몬즙 1T

How to

1. 무와 당근, 오이는 면 모양 필러로 가늘게 밀어 면처럼 만들어줍니다.

2. 올리브오일, 소금, 피쉬소스, 고춧가루, 설탕, 레몬즙을 넣어 섞어줍니다.

3. 1과 초당옥수수, 소스 재료를 모두 넣어 버무려주고 고수를 곁들여 완성합니다.

Tip 초당옥수수가 없다면 캔옥수수로 만들어도 좋아요. 동남아 음식에 빼놓을 수 없는 고수가 익숙하지 않다면 이탈리안 파슬리나 쪽파로 대체해보세요.

천도복숭아 오이 국수

여름 과일의 꽃은 복숭아가 아닐까요? 여름이 오면 핵과 먹을 생각에 들뜨는데 핵과는 맛있는 과일도 먹고 반려식물도 얻을 수 있는 고마운 존재예요. 망치로 딱딱한 씨앗을 깨뜨려 작은 씨앗을 얻어 화분에 심어보세요. 애정을 주면 싹이 틀 때의 기쁨을 누릴 수 있어요.

Ingredients

국수 100g
(국수 삶을 때 소금 1/2t)
천도복숭아 1개
오이 1/2개
소금 1/2t
얼린 냉면 육수 1팩
깨 약간

How to

1. 국수는 소금을 넣은 물에 삶아 차가운 얼음물에 헹궈 깨끗이 씻어 물기를 빼줍니다.
2. 오이는 반으로 잘라 티스푼으로 긁어 씨앗을 제거하고 소금에 10분 정도 살짝 절인 후 꼭 짜서 준비하고 천도복숭아는 얇게 썰어 준비합니다.
3. 냉면 육수에 국수를 넣고 썰어둔 천도복숭아와 오이를 올리고 깨를 뿌려줍니다.

취향에 따라 사과 식초나 레몬즙을 더해서 먹습니다.

그린빈스구이

집에 남아 있는 식빵을 활용하기에 가장 좋은 레시피가 바로 그린빈스 구이. 비주얼도 훌륭해서 브런치 테이블에 올렸을 때 언제나 인기가 좋아요. 생선, 새우, 조개를 활용하면 더욱 근사한 브런치 메뉴가 완성됩니다.

Ingredients

식빵 1개
그린빈스 100g
파마산치즈 1T
올리브오일 2T

How to

1 식빵은 손으로 비벼가며 잘게 부숴 가루로 만들어줍니다.
2 식빵 가루에 올리브오일와 파마산치즈가 스며들 수 있도록 섞어줍니다.
3 그린빈스에 2의 식빵 가루를 골고루 묻혀줍니다.
4 180도 오븐이나 에어프라이어에 5분 구워줍니다.

Tip 그린빈스 대신 호박, 가지, 양파 같은 자투리 채소를 이용해도 좋아요.

허브 버터 당근구이

당근을 익혀주면 단맛이 깊은 맛으로 변합니다. 또 특유의 향도 짙어지는데요. 완전히 말캉할 때까지 구워도 맛있고, 속을 덜 익히면 아삭한 식감이 좋아요. 미니 당근이 없다면 일반 당근을 스틱처럼 잘라 만들어보세요.

Ingredients

미니당근 200g
버터 1T
허브 약간
소금 약간
후추 약간

How to

1 미니 당근은 깨끗이 씻어 반으로 잘라 준비합니다.

2 팬에 버터를 넣고 다 녹으면 미니 당근을 중불에 굴려가며 익혀줍니다. 푹 익히고 싶다면 버터를 조금 더 넣고 구워주세요.

3 당근 겉면에 윤기가 돌면 허브를 넣고 골고루 익혀주고 팬에서 꺼내어 접시에 담고 소금, 후추로 간을 해줍니다.

허브는 딜이나 바질을 주로 사용해요. 식물성 버터를 활용하면 비건 메뉴가 완성됩니다.

엔칠라다

브런치가 좋은 점은 그날 기분에 따라 세계 각국의 요리에 도전해볼 수 있다는 점 아닐까요? 대표적인 멕시칸 엔칠라다를 만드는 날. 맥주에 라임 한 조각도 좋고 탄산수에 레몬과 민트를 넣어 마셔도 좋아요.

Ingredients

불고기용 소고기 200g
알새우 8마리
파프리카 파우더 1T
카레가루 1/2t
양파 150g
마늘 2개
또띠아 2장
체다치즈 4장
버터 1T
소금 약간
후추 약간
토마토소스 1컵
모짜렐라치즈 120g

How to

1 양파는 슬라이스하고 마늘은 잘게 다져 준비합니다.

2 소고기에 양파와 마늘, 소금, 후추, 파프리카 파우더, 카레가루를 넣어 섞어줍니다.

3 팬에 버터를 녹여 2를 볶다가 고기가 거의 익으면 새우를 넣고 1분 정도 볶아 익혀줍니다.

4 또띠아에 체다치즈를 올리고 볶은 고기와 채소, 새우를 올려 돌돌 말아줍니다.

5 오븐 용기에 4를 넣고 토마토소스를 올려준 후 모짜렐라치즈를 골고루 뿌려줍니다.

6 180도 오븐에 10분 구워줍니다.

Tip 퀘사디아처럼 소스를 올리지 않고 속재료만 채워서 먹어도 맛있답니다.

또띠아 칩

또띠아를 사서 요리하면 꼭 한 두 장씩 남아 처치 곤란한 경우가 있죠. 그럴 때 또띠아를 잘라 튀겨줍니다. 이렇게 간단하게 간식거리를 만들 수 있는데요. 과카몰리나 나초치즈, 요거트나 사워크림에 찍어 먹으면 간단한 브런치 메뉴로도 좋아요.

Ingredients

또띠아 5장
튀김 기름 적당량

How to

1   또띠아를 8등분해 준비합니다. 큰 또띠아의 경우 더 작은 조각으로 나누어주세요.

2   튀김 기름을 180도로 예열해 준비한 또띠아를 한 장씩 넣어 갈색이 나도록 튀겨주세요.

무화과 팬케이크

무화과는 과일 자체가 예뻐서 어디에 올려도 멋진 메뉴로 만들어내기 좋아요. 색감도 오묘하고 모양도 오묘해서 그릇에 담으면 담는 대로, 자르면 자르는 대로 예뻐요. 근사한 브런치 테이블에 꼭 활용해보세요.

Ingredients

팬케이크 파우더 500g
요거트 100g
달걀 2개
우유 170ml
무화과 5개
버터 2T
설탕 3t
꿀 2T

How to

1. 팬케이크 파우더에 요거트와 달걀, 우유를 넣어 섞고 30분 정도 휴지시킵니다.
2. 무화과는 슬라이스해서 준비합니다.
3. 센불로 한번 예열한 팬에 버터를 녹이고 반죽을 넣고 약불로 아랫부분을 익힌 뒤 슬라이스한 무화과 3조각과 설탕 1t를 골고루 뿌려 뒤집어줍니다.
4. 설탕이 녹고 반대면이 익을 때까지 구워준 후 여러 장을 쌓아 올리고 무화과와 꿀을 올려 마무리합니다.

Tip

무화과와 설탕을 올릴 때는 무화과 몇 조각, 설탕 1t 정도를 올려 뒤집어줍니다. 무화과의 향과 설탕의 단맛이 어울어진 팬케이크가 완성됩니다.

복숭아와인 조림

향기에 반해 구입한 제철 복숭아가 달지 않아 실망스러울 때, 멋진 여름 디저트로 변신시켜줄 레시피입니다. 넉넉히 만들어두고 여름 내내 즐겨보세요.

Ingredients

복숭아 5개
와인 1/2컵
물 1/2컵
꿀 1/2컵
시나몬 파우더 1t

How to

1 복숭아는 깨끗히 씻어 가운데 씨앗을 기준으로 8등분 한 후 껍질과 씨앗을 분리해줍니다.

2 손질한 복숭아와 와인, 물, 꿀을 냄비에 넣고 뭉근해질 때까지 졸이다가 시나몬 파우더를 뿌려줍니다.

3 소독한 유리병에 넣어 냉장 보관합니다.

Tip

차갑게 식혀 얼음 동동 띄워 먹으면 여름철 더위가 물러가는 맛이에요. 아이스크림에 견과류, 시나몬 파우더 등을 함께 곁들여 먹으면 더욱 맛있습니다.

오이 요거트

덥고 긴 여름을 보낸다는 터키의 대표적인 여름 음료예요. 수분이 부족할 때, 요거트에 시원한 오이 한 개 갈아 넣고 상큼한 레몬과 소금을 약간 넣어 만들어 먹으면 더위를 해소할 수 있어요.

Ingredients

오이 1개
요거트 1컵
레몬즙 1t
소금 1/4t

How to

1 오이는 강판에 갈아줍니다.
2 요거트에 레몬즙과 소금을 넣어 섞고 갈아둔 오이를 올려 완성합니다.

Tip 요거트 대신 그릭 요거트를 이용하면 스푼으로 떠 먹는 간식이 됩니다.

PART
3

Fall
가을날의 브런치

단호박 수프

가을에 가장 생각나는 따끈한 단호박 수프. 핼러윈 행사 여기저기에서 보았던 호박을 맞난 제철 수프로 만들어보세요. 믹서로 갈면 부드러운 맛을, 매셔로 으깨면 씹히는 맛을 즐길 수 있어요.

Ingredients

단호박 500g
우유 100g
생크림 150g
땅콩버터 2T

How to

1 단호박은 감자 칼로 껍질을 제거하고 반을 잘라 씨앗을 제거해줍니다.

2 크게 깍뚝 썰어 전자렌지에 5분 돌려 말랑하게 만들어줍니다.

3 말랑해진 단호박은 냄비에 옮겨 담고 우유, 생크림을 넣고 땅콩 버터를 넣어 주걱으로 으깨며 약불에 끓여줍니다.

(Tip) 땅콩버터는 크리미한 제품으로 사용합니다. 호박이 너무 단단하다면 전자레인지에 5분 정도 돌린 후 껍질을 제거하고 잘라줍니다.

당근 요거트 라페

당근을 볶아서 레몬즙과 홀그레인 머스터드에 버무리면서 요거트를 추가해보세요. 터키 요리에 자주 등장하는 메뉴인데 상큼한 맛 더하기 상큼한 맛의 샐러드입니다. 냉장 보관이 가능해서 빵과 고기에 곁들이기 좋아요.

Ingredients

당근 150g
올리브오일 1T
요거트 4T
홀그레인 머스터드 1t
소금 약간
후추 약간

How to

1 당근은 껍질을 제거하고 감자칼이나 채칼로 얇게 썰어 준비합니다.

2 팬에 올리브오일을 두르고 당근을 3분 정도 센불에 볶아줍니다.

3 볼에 옮겨 담고 요거트와 홀그레인 머스터드, 소금, 후추를 넣어 섞어줍니다.

Tip

똑같은 재료와 레시피에 당근만 비트로 바꾸어 비트 요거트 라페를 만들어보세요. 당근과는 또 다른 맛과 색감에 브런치 테이블이 더욱 화려해진답니다.

피타 브레드

집에서도 오븐 없이, 팬으로 구울 수 있는 빵입니다. 한번 만들어보면 은근히 빵 사 먹기 아깝다고 느끼게 될 수도 있습니다. 발효만 잘 된다면 너무나도 손쉽게 만들 수 있어요. 뚜껑을 덮어 구워주면 속까지 잘 익습니다. 탈 것 같으면 불을 끄고 남은 열로 익혀주세요.

Ingredients

밀가루 300g
설탕 10g
이스트 3g
소금 3g
올리브오일 10T
미지근한 물 200ml

How to

1 미지근한 물에 설탕과 이스트를 넣어 섞어준 후 밀가루와 소금을 넣어줍니다.

2 1에 올리브오일을 넣어 숟가락으로 한 덩어리가 될 때까지 골고루 섞어줍니다.

3 덩어리로 만들어진 반죽은 손으로 치대어 동그랗게 모양을 만들어 볼에 넣고 랩으로 덮어준 후 1시간 정도 두 배로 부풀 때까지 따뜻한 곳에서 발효시킵니다.

4 반죽이 두 배로 부풀면 4등분해 동그랗고 얇게 밀대로 밀어 1cm 두께로 만든 후 약불에 팬을 올려 5분 정도 앞뒤로 구워줍니다.

Tip

빵 가운데를 잘라 과카몰리나 샐러드, 고기를 넣어 즐겨보세요.

치즈 또띠아

모짜렐라치즈는 브런치 메뉴에 빠지면 섭섭한 치즈입니다. 치즈 또띠아 만들 때 주로 모짜렐라치즈를 사용하지만 잘 녹는 치즈라면 종류 상관없이 다 활용 가능해요. 베이컨 칩을 넣거나 파프리카 같은 다른 토핑을 함께 넣어도 맛있는 치즈 또띠아가 완성됩니다.

Ingredients

모짜렐라치즈 1컵
또띠아 2장
파마산치즈 또는
그라나 파다노 치즈 약간
훈제 파프리카 파우더 약간

How to

1 치즈를 코팅이 잘 된 팬에 올리고 약불에 그대로 녹여줍니다.

2 녹은 치즈에 훈제 파프리카 파우더를 뿌려줍니다.

3 2의 위에 또띠아를 올려줍니다.

4 팬에 녹은 치즈와 또띠아를 뒤집개로 바닥으로 향하도록 뒤집어줍니다.

5 또띠아를 반으로 접어 접시에 담아줍니다.

6 파마산치즈나 그라나파다노치즈를 곁들여주세요.

사과 살사 나초 샐러드

나초와 살사의 조합을 이용해 샐러드로 만들어본 레시피에요. 나초를 먹으며 영화를 보다가 문득 아이디어가 떠올랐는데, 늘 사랑받는 메뉴가 탄생했답니다. 제철 사과를 넣어 상큼한 맛을 즐겨보세요.

Ingredients

사과 200g
양파 100g
아보카도 1개
샐러드 채소 1줌
나초 1줌
올리브오일 3T
설탕 2T
식초 2T
소금 약간
후추 약간
홀그레인 머스터드 1t

How to

1. 사과와 양파, 아보카도는 1cm 크기로 잘라 준비합니다. 양파가 매우면 차가운 물에 담가 매운맛을 제거하고 사용합니다.

2. 올리브오일, 설탕, 식초, 소금, 후추, 홀그레인 머스터드를 넣고 섞어 사과 살사를 만들어줍니다.

3. 샐러드 채소 위에 나초를 올려 주고 사과 살사를 올려 완성합니다.

시금치 베이컨 샐러드

시금치는 뿌리를 손질하기 귀찮아 툭 잘라버리곤 했는데 뿌리에서 너무나도 달달한 맛이 난다는 걸 알고는 조금 손이 가도 손질을 해서 먹고는 해요. 흙이 남아 깨끗이 씻기지 않을 수 있으니 늘 꼼꼼하게 씻어 요리하세요.

Ingredients

시금치 150g
베이컨 4장
발사믹 식초 1T
달걀노른자 1개
파마산치즈 1T

How to

1   시금치는 뿌리를 깨끗이 손질하고 물로 여러 번 헹궈 뿌리를 네 쪽으로 잘라 나누어줍니다.

2   베이컨은 1cm 정도로 잘게 잘라 줍니다.

3   팬에 베이컨을 볶다가 갈색으로 익으면 팬 가장자리로 옮겨주고 시금치를 넣어 볶아줍니다.

4   시금치가 숨이 죽을 때까지 볶아 접시에 옮겨 담아줍니다.

5   발사믹 식초와 달걀노른자, 파마산치즈를 뿌려줍니다.

ABC 오븐구이

구운 비트를 처음 먹어본 날을 잊을 수 없어요. 감자보다 맛있는 맛에 살짝 충격이었습니다. 생으로 먹거나 채 썰어 먹고, 피클 담가 먹기만 했었는데 흙냄새 없이 포실포실한 맛을 내는 비트라니! 당근과 사과도 함께 썰어 오븐에 구워 먹으면 간단하게 건강을 챙길 수도 있어요.

Ingredients

사과 1개
비트 1/2개
당근 1/2개
양파 1개
마늘 6개
발사믹 식초 50ml
올리브오일 50ml
소금 약간
후추 약간

How to

1 비트와 당근은 껍질을 제거하고 1cm 정도의 정사각형 모양으로 썰어줍니다.

2 사과는 껍질과 씨앗을 제거하고 비트와 당근과 같은 크기로 잘라줍니다.

3 오븐 용기에 썰어둔 재료와 마늘을 넣고 발사믹 식초와 올리브오일, 소금, 후추를 넣어 버무려줍니다.

4 180도 오븐이나 에어프라이어에 10분 구워줍니다.

5 따뜻한 샐러드로 먹거나 더 잘게 잘라 빵과 함께 먹습니다.

Tip 좋아하는 샐러드용 채소들을 풍성하게 곁들이면 더 건강하게 즐길 수 있어요.

버섯 스크램블

브런치 테이블에 빠질 수 없는 스크램블. 달걀이나 베이컨이 들어간 스크램블이 살짝 지루하다면 이 레시피에 도전해보세요. 버섯소스의 풍성한 맛이 일품이랍니다. 버섯을 갈기 번거롭다면 슬라이스한 그대로 사용해도 좋아요.

Ingredients

달걀 4개
우유 1/2컵
양송이버섯 3개
양파 1/2개
마늘 2개
버터 1T
소금 1/2T
후추 약간

How to

1. 양송이버섯과 양파, 마늘은 슬라이스해 준비합니다.
2. 팬에 버터를 녹이고 1의 재료들을 볶으며 소금, 후추로 간해줍니다.
3. 믹서로 볶아진 재료를 갈아줍니다.
4. 달걀에 우유를 넣고 소금, 후추로 간을 해준 후 스크램블 에그를 만들어줍니다.
5. 3의 버섯소스를 곁들여줍니다.

Tip 믹서 사용이 어렵다면 재료들을 잘게 다진 후 볶아 요리하세요.

오징어 버터구이

오징어를 요리할 때 다른 재료를 함께 볶으면 오징어의 감칠맛과 향이 스며들어 아주 맛 좋은 요리로 재탄생합니다. 각종 버섯이나 가지, 양파, 호박 등 집에 있는 채소를 다양하게 활용해보세요.

Ingredients

오징어 1마리
마늘 10개
허브 버터 1개
소금 약간
곁들임 채소 약간

How to

1. 오징어는 껍질을 벗기고 내장과 눈, 입을 제거해줍니다.
2. 팬에 허브 버터를 올리고 중불에 마늘이 갈색이 나도록 골고루 구워줍니다.
3. 손질한 오징어를 마늘을 굽던 팬에 올려 불투명해질 때까지 소금으로 간하며 앞뒤로 구워줍니다.
4. 오징어가 통통하게 익으면 팬의 옆쪽에 두고 채소를 갈색이 나게 익혀 완성합니다.

 Tip

허브 버터는 버터 450g 기준 허브는 10~20g 들어갑니다. 실온에 두어 부드러운 버터에 파슬리나 딜, 타임 등의 허브를 아주 잘게 다져 섞어줍니다. 큐브로 잘라 보관해두고 사용하세요.

프로슈토 포테이토구이

구운 프로슈토와 겹겹이 쌓아올린 감자의 바삭함이 너무 잘 어울리는 레시피. 프로슈토가 없을 때는 베이컨을 구워 올리면 또 다른 고소한 맛의 브런치 메뉴가 만들어집니다. 프로슈토는 베이컨보다 덜 기름지고 풍미가 좋아요.

Ingredients

감자 500g
프로슈토 20g
올리브오일 3T
마요네즈 1T
파마산치즈가루 3T
파슬리가루 1T

How to

1 감자는 껍질을 제거하고 얇게 슬라이스해서 준비합니다.

2 올리브오일과 마요네즈, 파마산치즈가루, 파슬리가루를 잘 섞어 감자에 버무려줍니다.

3 감자를 차곡차곡 그릇에 담고 프로슈토를 올려 180도 오븐이나 에어프라이어에 15분 구워줍니다.

Tip

감자가 얇을수록 바삭하고 맛있습니다. 슬라이스 채칼을 사용해도 좋습니다.

옥수수 팔라펠

병아리콩을 갈아 각종 향신료를 넣고 튀겨낸 팔라펠은 한 마디로 콩 튀김 요리예요. 대표적인 비건 푸드인 팔라펠은 병어리콩 통조림만 있다면 얼마든지 만들 수 있습니다. 팔라펠 자체로도 맛있지만 피타 브레드에 넣어 샌드위치로 만들어도 근사한 브런치 메뉴가 완성됩니다.

Ingredients

옥수수 캔 100g
병아리콩 400g
양파 1/2개
마늘 3개
올리브오일 2T
밀가루 100g
카레가루 1t
고춧가루 1t
파슬리 1t
소금 약간
후추 약간

How to

1. 캔 옥수수와 병아리콩은 체에 받쳐 물기를 제거하고 준비합니다.
2. 밀가루를 제외한 모든 재료를 믹서에 갈아줍니다.
3. 2의 반죽을 볼에 담고 밀가루를 섞어 동글동글하게 만들어줍니다.
4. 180도 기름에 반죽이 떠오를 때까지 튀겨줍니다.
5. 토마토소스나 마늘을 살짝 섞은 요거트에 곁들여 먹습니다.

옥수수 머핀

금방 구운 옥수수 머핀에서는 구수한 향이 솔솔 납니다. 너무 달지 않아 자꾸만 먹게 되는 빵이에요. 집에서도 쉽게 만들 수 있는 레시피를 공개합니다. 어렵지 않고 맛도 좋아 자주 만들어 먹게 될 거예요.

Ingredients

옥수수 100g
달걀 2개
밀가루 120g
설탕 60g
꿀 20g
버터 100g
베이킹파우더 2g
우유 50ml

How to

1. 달걀에 설탕과 꿀을 넣고 설탕이 녹을 때까지 한 방향으로 저어줍니다.

2. 다른 볼에 버터와 우유를 넣고 전자레인지에 30초 돌려 버터를 녹인 뒤 1번의 반죽에 넣고 다시 한 번 잘 섞어줍니다.

3. 밀가루와 베이킹파우더를 넣어 고무주걱으로 골고루 섞어줍니다.

4. 옥수수를 넣고 섞은 후 컵에 담아 180도 오븐이나 에어프라이어에 15분 구워줍니다.

땅콩 바나나 토스트

이름만 들어도 이미 입에 군침이 도는 메뉴죠. 바나나는 후숙 과일이라 초록색을 띄거나 완벽히 노란색일 때보다는 검은 반점이 하나 둘 생기기 시작할 때 먹으면 더욱 맛있어요. 이 토스트 역시 잘 익은 바나나로 만들면 더욱 달콤한 향이 가득합니다.

Ingredients

식빵 1장
땅콩버터 1T
바나나 1개
설탕 1t

How to

1 식빵에 땅콩버터를 꼼꼼히 발라줍니다.

2 바나나는 슬라이스해서 빵 위에 올려줍니다.

3 바나나 위에 설탕을 골고루 뿌려주고 180도 오븐이나 에어프라이어에 3분 정도 구워줍니다.

치즈 프렌치 토스트

식빵 3장을 겹쳐 중간중간 치즈를 넣고 촉촉하게 구워 먹는 토스트예요. 꾸덕하고 진득한 치즈가 몹시 당기는 그런 날, 다른 재료 말고 오직 치즈로만 만든 이 토스트 레시피를 강력 추천합니다.

Ingredients

식빵 3장
체다치즈 2장
모짜렐라치즈 60g
파마산치즈가루 1T
달걀 2개
설탕 2T
우유 1컵
버터 2T

How to

1 달걀에 우유를 섞어 골고루 풀어줍니다.

2 식빵 2장에 설탕을 골고루 뿌려주고 체다, 모짜렐라, 파마산치즈를 차례로 올려줍니다.

3 2개의 식빵을 쌓아주고 남은 식빵 1개를 올려줍니다.

4 한 덩어리가 된 식빵은 포크로 찔러 달걀물이 잘 흡수되도록 돌려가며 충분히 옷을 입혀줍니다.

5 버터를 녹인 팬에 중불로 앞뒤, 양옆을 골고루 구워 완성합니다.

Tip 재료에 소개된 치즈 외에 콜비잭치즈를 넣어도 맛있어요.

치즈 튀김

치즈를 넣고 튀기는 음식이 스페인에도 있죠? 주로 브리치즈나 까망베르치즈 등 조금 딱딱한 껍질이 있는 치즈로 요리하는데요. 크림처럼 부드러운 치즈를 튀길 때는 튀김옷을 입힐 때 밀가루, 달걀을 한 번 더 입혀주면 손쉽게 튀길 수 있어요

Ingredients

허브치즈 1개
밀가루 1컵
달걀 2개
빵가루 1컵
튀김 기름 적당량

How to

1 허브치즈에 밀가루로 옷을 입혀줍니다.

2 달걀을 풀어 밀가루 묻힌 치즈를 담가 골고루 달걀물을 입혀줍니다.

3 충분히 묻으면 다시 한 번 밀가루를 묻히고 달걀물을 입혀줍니다.

4 달걀에서 꺼낸 치즈에 빵가루를 묻히고 180도 기름에 튀김옷이 노랗게 익을 때까지 4분 정도 튀겨줍니다.

들기름 뇨끼

들기름이 뇨끼와 너무 잘 어울린다는 사실을 알아버렸어요. 쫀득한 감자떡과 향기로운 들기름의 만남 같은 느낌일까요? 뇨끼를 삶지 말고 구워서 만들면 좀 더 쫀득 바삭해요. 냉동으로 판매하는 뇨끼로 구워도 맛있습니다.

Ingredients

감자 5개
마늘 8개
밀가루 1컵
올리브오일 3T
들기름 3T
파슬리 5g
소금 1t
후추 1t

How to

1. 감자는 껍질을 제거하고 20분 삶아 으깨고 마늘은 반으로 잘라 준비합니다.
2. 으깬 감자에 밀가루와 소금, 후추, 파슬리를 넣고 반죽해줍니다.
3. 반죽을 한입 크기로 만들어 올리브오일을 두른 팬에 약불로 구워줍니다.
4. 팬에 마늘을 갈색이 나도록 볶다가 들기름을 넣어 뇨끼와 함께 살짝 볶아줍니다.

굴라쉬

프라하에 갔을 때 따뜻하게 몸을 데워주던 매력에 빠져 거의 매일 먹은 음식이에요. 레스토랑마다 조금씩 다르지만 고깃국 같은 맛이 나 든든했어요. 쌀쌀한 가을날과 잘 어울리니 꼭 한 번 만들어보세요. 살짝 매콤하게 만들기 위해 청양고추를 넣고 끓여도 맛있어요.

Ingredients

소고기 살코기 부위 400g
감자 2개
양파 1개
당근 1/2개
양송이버섯 3개
토마토소스 2컵
다진 마늘 1T
올리브오일 4T
월계수 잎 2장
고형 치킨스톡 1개
훈제 파프리카 파우더 1t
소금 약간
후추 약간
물 1L

How to

1. 양송이버섯을 4등분하고 감자, 양파, 당근, 소고기는 양송이버섯과 비슷한 크기로 잘라 준비합니다.
2. 올리브오일을 두른 팬에 다진 마늘을 넣고 타지 않게 중불에 볶아줍니다.
3. 소고기와 감자, 양파, 당근, 양송이버섯을 넣고 소고기의 붉은색이 없어지도록 볶아줍니다.
4. 토마토소스와 물을 넣고 치킨스톡과 월계수 잎을 넣어줍니다.
5. 30분 정도 끓인 후 훈제 파프리카 파우더를 넣고 소금, 후추로 간해 완성합니다.

Tip

기름기가 없는 소고기라면 어떤 부위든 좋습니다. 사태 등 질긴 부위를 사용한다면 조금 더 오래 끓여주세요.

피넛버터 돼지고기 스튜

피넛버터를 빵에만 발라 먹고 계신가요? 그럴 때 이 스튜에 도전해보세요. 기름질 수 있는 돼지고기와 피넛버터의 맛을 토마토소스가 잡아줘요. 마페라는 세네갈의 음식과 닮아 있어요. 가을날의 브런치와 가장 잘 어울리는 스튜랍니다.

Ingredients

돼지고기 350g
감자 2개
양파 1개
당근 1/2개
피넛버터 2T
땅콩 20g
토마토소스 1컵
홀토마토 캔 1개
월계수 잎 3장
올리브오일 3T
소금 1/2t
후추 1/2t

How to

1 감자와 양파, 당근은 2cm로 자르고 올리브오일에 볶다가 소금, 후추로 간해줍니다.

2 돼지고기도 야채와 같은 크기로 자르고 볶은 채소에 땅콩과 함께 넣어 겉면이 익을 때까지 볶다가 토마토소스에 홀토마토와 월계수 잎을 넣고 30분 정도 끓여줍니다.

3 피넛버터를 넣어 잘 섞어준 후 소금, 후추로 다시 한 번 간을 해서 완성합니다.

Tip 돼지고기는 앞다리나 안심 등 기름기 없는 부위를 사용하세요.

올리브 토마토밥

슈퍼푸드로 만드는 밥 요리를 소개해요. 생토마토로 만들면 잘 안 익는 경우가 있으니 홀토마토로 만들기를 추천합니다. 토마토의 향이 더 깊이 배어납니다. 또 밥이 완성되면 홀토마토가 버터처럼 사르르 녹아내리는 맛, 기분까지 좋아집니다.

Ingredients

쌀 200g
홀토마토 3개
올리브 2T
올리브오일 3T
마늘 2개
물 200ml

How to

1. 쌀은 깨끗이 씻어 5분 정도 불리고 마늘은 다져서 준비합니다.
2. 올리브오일에 쌀과 다진 마늘을 넣고 3분 정도 볶아줍니다.
3. 쌀에 물을 붓고 홀토마토, 올리브를 밥솥에 넣고 취사를 눌러줍니다.

바나나 브라운치즈 푸딩

반죽하는 번거로운 과정 없이 만들 수 있는 디저트 레시피를 소개합니다. 잘 익은 바나나를 넣어 굽고 브라운치즈까지 더하면 달콤하고 고소한 푸딩을 만들 수 있어요.

Ingredients

식빵 2장
바나나 3개
달걀 1개
생크림 1/2컵
설탕 1T
브라운치즈 40g

How to

1 식빵은 테두리를 잘라주고 안쪽은 9등분해 준비합니다.

2 바나나는 으깨어 달걀과 설탕, 생크림과 섞은 후 식빵과 섞어줍니다.

3 물기가 사라질 정도로 생크림을 흡수한 식빵은 용기에 담아 180도 오븐이나 에어프라이어에 10분 구워줍니다.

4 브라운치즈를 올려 마무리합니다.

메이플 티라미수

젤라틴을 이용하거나 냉장 보관해서 굳힐 필요 없이 만드는 초간단 티라미수예요. 크림 상태 그대로 먹기 때문에 더 부드러워요. 메이플 시럽을 넣어 달콤한 향을 내기도 하고, 깔루아를 넣어 더 진한 향을 내기도 합니다. 깔루아를 넣을 때에는 메이플 시럽과 같은 양을 넣어줍니다.

Ingredients

시판 치즈케이크 1개
에스프레소샷 1잔
크림치즈 200g
메이플 시럽 50g
생크림 150g
초코 파우더 약간

How to

1. 실온의 크림치즈에 메이플 시럽과 생크림을 거품기로 골고루 섞어줍니다.
2. 치즈케이크는 테두리를 제거하고 완성 그릇에 올려 에스프레소샷에 적셔줍니다.
3. 2에 1을 얹어 냉장 보관합니다.
4. 먹기 직전에 초코 파우더를 뿌려줍니다.

Tip

시판 치즈케이크는 카스텔라 모양으로 나온 치즈가 들어간 빵을 사용했어요.

콩 수플레

만들기 까다로울 것 같은 수플레에 도전해보세요. 콩 통조림과 다른 재료를 한 그릇에 넣고 반죽하면 되는 초간단 레시피를 소개합니다. 콩을 설탕이나 시럽, 꿀에 조려서 만들면 더 달달하게 만들 수 있어요. 머그컵이나 커피잔에 담아 에어프라이어로 간단히 구워드세요.

Ingredients

콩 통조림 70g
크림치즈 50g
버터 20g
설탕 30g
달걀 1개
밀가루 20g
우유 30ml

How to

1. 크림치즈에 버터, 설탕을 넣고 거품기로 설탕이 녹을 정도로 섞어줍니다.

2. 달걀을 넣어 골고루 섞어줍니다.

3. 밀가루와 우유를 넣고 섞다가 콩을 넣고 가루가 안보일 정도로 섞어줍니다.

4. 머그컵에 담고 180도 오븐이나 에어프라이어에 15분 구워줍니다.

Tip

완두콩이나 키드니빈, 믹스빈 통조림을 사용합니다. 당적 삼색 콩이라는 냉동 콩을 구입해두었다가 사용해도 좋습니다. 콩 통조림이 없을 때는 콩을 무르게 삶아 사용해주세요.

PART
4

Winter

겨울날의 브런치

프렌치 어니언 수프

양파를 가장 맛있게 먹을 수 있는 방법이 바로 수프 아닐까요? 양파만 열심히 볶아주면 됩니다. 이렇게까지 오래 볶아야 하나 싶지만 한번 맛보면 헤어나올 수 없는 매력에 빠질 거예요.

Ingredients

양파 2개(500g)
마늘 10g
버터 2T
밀가루 1T
고형 치킨스톡 1개
월계수 잎 1장
소금 약간
후추 약간
마늘빵 1조각
파마산치즈 약간
허브 약간
물 500ml

How to

1. 양파와 마늘은 잘게 채 썰어 준비합니다.
2. 버터를 녹이고 양파를 조금 타는 듯한 갈색이 나도록 오래 볶다가 밀가루를 넣고 다시 갈색이 될 때까지 볶아줍니다.
3. 물과 치킨스톡, 월계수 잎을 넣고 소금, 후추로 간해주고 뭉치지 않게 저어가며 끓여줍니다.
4. 수프 그릇에 옮겨 담고 마늘빵과 치즈, 허브를 올려 다시 굽거나 치즈를 멜팅시켜 먹습니다.

Tip

치즈를 멜팅시킬 때는 오븐이나 오픈형 토스터 180도에 5분 정도 구워줍니다.

홍합 스튜

여행 가서 친구들에게 만들어줬더니 겨울만 돌아오면 먹고 싶다고 노래를 부르는 메뉴가 되었어요. 자칫 비릿할 수 있는 특유의 홍합 향을 토마토와 매콤한 치폴레가 잡아줘서 더욱 맛있어요. 홍합은 끓고 나서 딱 10분 정도만 익혀줍니다. 살이 탱글하게 익으면 바로 불에서 내려 먹는 게 가장 맛있어요.

Ingredients

홍합 1kg
썬드라이드 토마토 또는
홀토마토 150g
마늘 10개
양파 1개
샐러리 2줄기
화이트와인 1/2컵
월계수 잎 2장
치폴레 2개
소금 약간
후추 약간
물 1L
엑스트라 버진 올리브오일 2~3T

How to

1   홍합은 흐르는 물에 여러 차례 깨끗이 씻어 준비합니다.

2   마늘은 슬라이스하고 양파와 샐러리는 한입 크기로 썰어 준비합니다.

3   물에 홍합, 마늘, 양파, 샐러리, 토마토, 화이트와인, 월계수 잎, 치폴레를 넣고 끓여줍니다.

4   5분 정도 끓으면 소금과 후추로 간해줍니다.

5   엑스트라 버진 올리브오일을 뿌려 먹습니다.

오일은 취향껏 뿌려 먹어도, 생략해도 돼요. 질 좋은 엑스트라 버진 올리브오일을 완성된 요리에 뿌려 먹으면 특유의 향이 음식의 맛과 향뿐만 아니라 비주얼까지 업그레이드시켜줍니다.

조개 크림 수프

따뜻한 수프를 찾을 수 밖에 없는 날이 있어요. 눈이 내려 기분 좋은 날, 잠깐 외출했다가 집으로 돌아와서 몸속까지 따뜻해지는 무언가 먹고 싶을 때, 간단히 만들어 먹는 겨울 날의 수프입니다.

Ingredients

조개 200g
브로콜리 1/2개
당근 1/5개
양파 1/4개
가지 1/2개
올리브오일 1T
소금 약간
후추 약간
생크림 1컵
물 1컵

How to

1 브로콜리는 송이 송이 잘라내고 잘라낸 송이가 크다면 반으로 잘라줍니다.

2 당근과 양파, 가지는 반으로 길게 자른 후 브로콜리 크기 정도로 썰어줍니다.

3 냄비에 올리브오일을 두르고 채소를 넣어 살짝 볶아줍니다.

4 조개와 생크림, 물, 소금, 후추를 넣고 중불에 30분 정도 끓여줍니다.

Tip

조개는 구입하자마자 해감해서 냉장을 해두는 편이 요리하기 좋아요. 오늘 먹을 조개가 아니라면 해감해서 냉동 보관하는 게 좋습니다.

치킨 포토푀

다이어트할 때 닭가슴살이나 닭안심으로, 따끈하고 구수한 국물이 생각날 때는 닭다리살로 만들어 먹는 치킨 수프를 소개합니다. 채소를 큼직하게 썰어 넣어주는 게 포인트예요. 오래 끓여 우려낸 진국일수록 더 맛있습니다.

Ingredients

닭고기 2덩어리
감자 2개
당근 1/2개
양파 1개
양배추 20g
샐러리 2줄기
마늘 4개
홀토마토 1/2캔
고형 치킨스톡 1개
스테이크 소스 3T

How to

1. 닭고기는 껍질에 붙은 기름기를 제거해서 준비합니다.
2. 감자는 반으로 자르고 당근은 4등분, 양파는 8등분으로 모든 채소는 큼직큼직하게 썰어 준비합니다.
3. 냄비에 닭고기와 채소를 골고루 담고 나머지 재료를 모두 넣어 한 시간 정도 끓여줍니다.

Tip

한 시간 정도 푹 익혀 먹기 때문에 채소를 크게 썰어 요리합니다. 짧은 시간에 조리하고 싶다면 한입 크기로 잘라 30분 정도로 조리할 수 있습니다.

뵈프 부르기뇽

크리스마스 파티와 잘 어울리는 뵈프 부르기뇽은 와인에 소고기와 채소 등을 넣어 절여두었다가 요리하는 프랑스 요리입니다. 한동안은 동네 정육점 사장님이 저를 뵈르기뇽이라는 별명으로 불러주실 정도로 자주 해먹던 요리예요. 매쉬드 포테이토를 곁들이면 더욱 맛있으니 함께 만들어보세요.

Ingredients

소고기 300g
양파 1개
당근 1/2개
샐러리 1줄기
양송이버섯 5개
레드와인 2컵
홀토마토 1캔
토마토 페이스트 1T
스테이크 소스 1/3컵
올리브오일 2T
소금 약간
후추 약간

How to

1 소고기와 채소는 한입 크기로 잘라 레드와인에 재워 둡니다. 전날 미리 준비해 냉장고에 두면 좋아요.

2 재워둔 재료를 체에 걸러주고 냄비에 올리브오일을 두르고 소고기와 채소 겉면을 익혀주고 토마토 페이스트를 넣어 함께 볶아줍니다.

3 걸러둔 레드와인 반 컵, 홀토마토, 스테이크 소스, 소금, 후추를 넣고 끓여줍니다.

4 한 시간 정도 약불에 끓여줍니다.

Tip

소고기 종류는 두툼하고 기름기가 적은 고기라면 어느 부위든 상관없어요. 와인에 하룻밤 정도 절여 두었다가 요리하면 더욱 맛있습니다.

토마토 마늘 조림

따뜻한 샐러드로 제공되어 맛보았던 토마토 마늘 조림. 발사믹 식초와 꿀, 올리브오일의 조합이 좋아서 따뜻하게 만들어 먹고 있어요. 올리브를 넣어 조금 짭조름한 맛을 더해 주기도 합니다. 채소와 소스를 꼭 함께 드세요.

Ingredients

방울토마토 300g
양파 1/2개
마늘 10개
올리브 10개
발사믹 식초 3T
올리브오일 5T
꿀 1T
소금 약간
후추 약간
로즈메리 2줄기

How to

1   양파는 채 썰고 마늘과 방울토마토는 꼭지를 제거해 준비합니다.

2   올리브는 물기를 제거하고 모든 재료를 넣고 약불에 10분 정도 졸여줍니다.

Tip

이렇게 간단하게 만든 토마토 마늘 조림은 빵에 얹어 먹어도 물론 맛있고 샐러드 소스로도 활용도가 아주 좋아요.

뽈뽀 샐러드

뽈뽀는 문어를 뜻하는 스페인어. 문어 요리는 맛도 좋지만 비주얼도 훌륭해 브런치 테이블을 더욱 빛내줍니다. 문어는 예민한 식재료라 자칫 질겨질 수 있어요. 요리할 때 센불에 짧은 시간 동안 익혀주세요.

Ingredients

문어 다리 2개(250g)
감자 1개
아스파라거스 7줄기
올리브오일 3T
발사믹 식초 1t
파프리카 파우더 약간
소금 약간
후추 약간

How to

1 감자는 두껍게 자르고 아스파라거스와 감자를 올리브오일에 튀기듯이 구워줍니다.

2 채소를 접시에 담고 문어를 넣어 재빠르게 앞뒤로 익혀주고 소금, 후추로 간합니다.

3 접시에 담고 발사믹 식초와 파프리카 파우더를 뿌려 마무리합니다.

Tip

아스파라거스는 다른 채소로 대체할 수 있어요. 브로콜리나 줄기콩, 당근 등 냉장고 속 채소를 활용해도 좋습니다.

템페 샐러드

인도네시아 음식이 소개되는 프로그램을 보다가 알게 된 템페. 콩을 발효시켜 뭉쳐 네모난 모양을 잡아놓은 음식입니다. 생으로도 먹고 조리해서도 먹어요. 요즘 비건식을 하시는 분들에게 사랑받는데요. 고소한 맛에 끝맛이 살짝 시큼하지만, 요리하면 고소한 맛만 남는답니다.

Ingredients

템페 200g
버섯 150g
병아리콩 1/2컵
샐러드 채소 1줌
아보카도 1/2개
썬드라이드 토마토 2T
올리브 2T
올리브오일 2T
발사믹 식초 1T
설탕 1T
간장 1t
소금, 후추 1/2t

How to

1. 버섯은 슬라이스해서 병아리콩과 올리브오일, 소금, 후추와 잘 섞은 후 구워줍니다.

2. 템페는 슬라이스해서 기름에 튀겨듯 구운 후 발사믹 식초, 간장, 설탕을 넣어 약불에 조려줍니다.

3. 조린 템페에 샐러드 채소와 아보카도, 썬드라이드 토마토, 올리브 등을 곁들여줍니다.

Tip

버섯은 어떤 종류를 사용해도 좋아요.

겨울 배추 샐러드

겨울 배추는 소금에 살짝 절이기만 해도 맛있는데요. 올리브오일 두르고 구워낸 배추는 더욱 달달한 맛이 납니다. 아삭거리는 맛을 느끼고 싶을 땐 살짝 덜 익혀서 먹고, 배추전의 배추처럼 달큰한 맛이 생각날 땐 약불에 푹 익혀서 만들어 보세요.

Ingredients

알배추 1/4개
올리브오일 3T
베이컨 4줄
그라나 파다노 치즈 약간
소금 약간
후추 약간

How to

1 팬에 올리브오일을 두르고 베이컨을 바삭해질 때까지 구워줍니다.

2 베이컨을 꺼내고 그 기름에 알배추를 골고루 구워줍니다.

3 팬에서 꺼내어 그라나 파다노 치즈와 소금, 후추를 뿌려줍니다.

4 먹기 직전 올리브오일을 배추에 살짝 뿌려줍니다.

Tip

같은 레시피를 양배추로 만들어도 맛있어요.

버터 연유 고구마

겨울 하면 생각나는 대표 간식 군고구마. 여기에 찰떡같이 잘 어울리는 시나몬과 달달한 연유 버터까지 더하면 천상의 맛이 난다고 해도 부족함이 없습니다. 달콤하고 부드러운 겨울 간식을 만들어보세요.

Ingredients

고구마 1개
버터 1조각(10g)
연유 2T
시나몬 파우더 1/2t

How to

1   고구마를 전자렌지에 5분 돌려준다.

2   180도 오븐이나 에어프라이어에 20분 구워준다.

3   잘 익으면 고구마의 가운데 버터와 연유를 더하고 시나몬 파우더를 뿌려준다.

추억의 소시지빵

소시지와 크로아상의 조합, 맛이 없을 수 없겠죠? 크로아상 생지를 넉넉히 준비하고 싶어지는 맛을 보장합니다. 소시지를 자르지 않고 핫도그처럼 만들어 먹어도 좋아요.

Ingredients

크로와상 생지 6개
비엔나 소시지 6개

How to

1 해동한 크로와상 생지는 얇게 밀어줍니다.
2 소시지를 올려 돌돌 말아주고 반으로 잘라줍니다.
3 180도 오븐이나 에어프라이어에 10분 구워줍니다.

버섯 버터 오믈렛

오믈렛에 살라미나 페페로니를 넣어 만들면 특유의 향이 솔솔 배어 너무 맛있는 오믈렛을 만들 수 있어요. 채소와 살라미를 먼저 볶고 달걀을 넣어 반숙이 될 정도로 부드럽게 만들어도 좋습니다.

Ingredients

양송이버섯 5개
양파 1/4개
살라미 6장
우유 50ml
달걀 3개
버터 1T
올리브오일 2T
이탈리안 파슬리 약간

How to

1. 양송이버섯과 양파, 살라미는 슬라이스해서 준비합니다.
2. 팬에 버터를 녹이고 1을 볶아줍니다. 양파가 투명해질 때까지 볶아지면 다른 그릇에 옮겨줍니다.
3. 볼에 달걀과 우유를 잘 섞어주고 팬에 다시 오일을 두르고 달걀물을 붓고 팬을 기울여 익혀줍니다.
4. 달걀 가운데에 치즈와 버섯볶음을 넉넉히 넣고 달걀이 반쯤 익으면 반으로 접어 살짝 덮어줍니다.
5. 이탈리안 파슬리를 뿌려 마무리합니다.

식빵 키쉬로렌

파이지를 만들어 우유 베이스의 소스엔 베샤멜 소스와 함께 요리했던 키쉬로렌을 조금 더 쉽고 간편하게 만들어봤어요. 여기에 시금치나 루꼴라처럼 초록 채소를 함께 넣어 요리해도 좋아요.

Ingredients

식빵 3장
연어 100g
완두콩 2T
달걀 2개
우유 100g
치즈 50g
딜 1t

How to

1 식빵을 1cm로 잘게 잘라 그릇의 바닥에 깔아줍니다.

2 연어는 한입 크기로 잘라주고 완두콩은 물기를 제거해 준비합니다.

3 달걀에 우유, 치즈를 넣고 딜을 다져 넣어줍니다.

4 그릇에 담긴 식빵에 3의 달걀물을 넣고 연어와 완두콩들을 넣어줍니다.

5 180도 오븐에 10분 구워줍니다.

가자미 커틀릿

커틀릿 하면 튀긴 고기 요리가 먼저 생각나시죠? 튀기는 것보다 훨씬 가볍고 맛있는 생선 커틀릿을 소개합니다. 오븐이나 에어프라이어로 손쉽게 요리할 수 있어요. 빵가루를 묻힐 때는 생선에 토닥토닥 두들기며 옷 입혀주듯이 묻혀줍니다.

Ingredients

포 뜬 가자미 2개(200g)
빵가루 1컵
올리브오일 50ml
레몬 1개
이탈리안 파슬리 1t
소금 약간
후추 약간

How to

1. 가자미는 소금, 후추와 레몬즙으로 양쪽 면을 골고루 마리네이드해줍니다.
2. 빵가루에 올리브오일, 이탈리안 파슬리를 섞어 가자미에 앞뒤로 묻혀줍니다.
3. 레몬즙을 뿌리고 180도 오븐 또는 에어프라이어에 8분 구워줍니다.

Tip

빵가루가 없을 때는 식빵 2장을 잘게 부수어 사용합니다. 이탈리안 파슬리는 바질이나 다른 허브로 대체해도 좋아요.

굴 오븐구이

겨울 식재료의 여왕이라 부르는 굴. 겨울에만 먹을 수 있는 바다 내음 가득한 식재료죠. 탱글한 식감이 매력적인 굴구이에 약간의 재료를 더해 풍미를 업그레이드한 레시피를 소개합니다. 생굴의 향긋함과 달콤함을 좋아한다면 팁의 굴 세비체를 만들어보세요.

Ingredients

하프셸 굴 10개
올리브오일 3T
소금 약간
후추 약간
훈제 파프리카 파우더 1t
다진 마늘 1t
빵가루 1컵 또는 식빵 2장
트러플 오일 2T
(굴 1개당 2방울 정도)

How to

1. 빵가루, 올리브오일, 다진 마늘, 소금, 후추, 훈제 파프리카 파우더를 잘 섞어줍니다.
2. 흐르는 물에 씻은 굴에 1의 빵가루를 올려줍니다.
3. 180도 오븐에 10분 구워줍니다.
4. 트러플 오일을 뿌려 먹습니다.

Tip

여전히 생굴을 사랑한다면, 초간단 굴 세비체를 만들어보세요. 하프셸 굴에 식초를 조금씩 뿌려 30분 정도 담갔다가 흐르는 물에 깨끗이 씻어줍니다. 올리브오일 2T, 레몬즙 2T, 다진 양파 1/3개, 다진 딜 1줄기, 석류 2T, 설탕 1T, 소금, 후추를 약간씩 넣고 잘 섞어 만든 소스를 씻은 굴 위에 올리면 완성돼요.

비프 웰링턴

겨울 파티 음식으로 가장 추천하고 싶은 비프 웰링턴. 고기를 감싸는 반죽을 만들기 번거롭다면 이 레시피에 집중해주세요. 냉동실에 있는 크로아상 생지를 이용한답니다. 울퉁불퉁 표면이 매끄럽지 못하다면 달걀노른자를 골고루 발라 젓가락이나 포크로 살살 긁어 모양을 잡아주세요.

Ingredients

소고기 스테이크용 150g
크로와상 생지 180g
양송이버섯 3개
양파 1/4개
밀가루 2T
버터 1T
스테이크 소스 4T
달걀노른자 1개
로즈메리 약간

How to

1 달군 팬에 버터를 녹이고 소고기와 로즈메리를 넣어 센불에 소고기 양면과 옆까지 코팅하듯 구워줍니다..

2 고기를 꺼내고 양송이버섯, 양파를 잘게 다져서 고기 구운 팬에 중불로 갈색이 나도록 볶아줍니다.

3 밀가루와 버터를 추가로 넣고 뭉치지 않게 골고루 섞어준 후 스테이크 소스를 넣고 잘 섞어줍니다.

4 생지 여러 개를 겹치게 놓고 넓은 모양이 되도록 얇게 밀어 두고 고기와 양송이 볶음을 올려 잘 감싸줍니다

5 겉면에 달걀노른자를 꼼꼼히 발라주고 200도 오븐에 15분 구워줍니다.

Tip

크로와상 생지 대신 시판용 파이지를 사용해도 됩니다.

폴드포크

밥솥이 다 해주는 요리입니다. 대만 친구가 대만식 갈비찜을 만들어왔는데, 보온 상태로 하룻밤을 지나 만들어진 거라고 알려주었습니다. 저온으로 오래 요리하기 때문에 고기가 질기지 않고 부드러워요.

Ingredients

돼지고기 뒷다리 1kg
양파 2개
마늘 10개
큐민 1T
파프리카 파우더 1T
카레가루 1T
바비큐 소스 3T
소금 1t
후추 1t
물 500ml

How to

1 밥솥에 돼지고기, 큐민, 파프리카 파우더, 카레가루, 소금, 후추로 옷을 입혀준 후 물과 바비큐 소스를 넣어줍니다.

2 양파는 반으로 잘라 4등분해 준비하고 마늘은 꼭지만 제거해 1번에 넣고 취사를 해줍니다.

3 보온 상태로 8시간 정도 두었다가 밥솥에서 꺼낸 뒤 장갑을 끼고 잘게 찢어줍니다.

Tip

5cm 크기로 잘라 요리하면 더 잘 익은 폴드포크가 만들어져요.

폴드포크 포테이토 프라이

미국 레스토랑에 온 듯한 메뉴를 소개합니다. 미국 스타일로 수북이 담아보세요. 감자 튀김도 가득, 폴드포크도 가득, 풍성한 브런치 테이블을 차려낼 수 있어요. 소스도 자연스럽게 뿌려주면 이 메뉴만의 스타일이 살아납니다.

Ingredients

폴드포크 100g
감자 5개
올리브 2T
썬드라이드 토마토 2T
나초치즈 3T
바비큐 소스 3T
그릭 요거트 2T
튀김기름 적당량

How to

1. 감자는 사방 1cm 두께로 스틱으로 썰어 준비합니다.
2. 1을 흐르는 물에 씻어내고 물기를 제거한 후 180도 기름에 3분 정도 튀겨줍니다.
3. 튀긴 감자에 폴드포크를 올리고 올리브와 썬드라이드 토마토를 올려줍니다.
4. 나초치즈, 바비큐 소스, 그릭 요거트를 뿌려줍니다.

폴드포크 양배추 샌드위치

폴드포크만으로도 맛있는 샌드위치를 만들 수 있지만 더 맛있게 먹기 위해 양배추를 곁들여보세요. 양배추를 사우어 크라우트처럼 꼭 절여서 넣어주세요. 독일의 김치라 불리는 이 양배추 절임이 폴드포크의 강한 맛과 잘 어울린답니다.

Ingredients

폴드포크 100g
빵 1개
양배추 3장
치폴레 1개
치즈 2장

+양배추 절임 소스
마요네즈 3T
설탕 1T
식초 2T
소금 약간
후추 약간

How to

1. 양배추는 얇게 채 썰어 마요네즈, 설탕, 식초, 소금, 후추를 넣고 버무려 절여줍니다.
2. 치폴레는 잘게 다져 양배추에 섞어줍니다.
3. 빵에 절인 양배추와 폴드포크, 치즈를 올려줍니다.

Tip
체다치즈나 콜비잭, 몬트리잭 등의 치즈를 이용하면 맛있습니다.

마시멜로 스모어 팬케이크

아기자기하게 꾸미는 재미가 있는 팬케이크입니다. 예쁜 젤리나 초콜릿을 올리거나 좋아하는 비스킷을 활용해보세요. 아이들 생일케이크로 함께 만들어도 좋고, 파티나 기념일에 활용해도 좋아요.

Ingredients

팬케이크 파우더 500g
요거트 100g
달걀 2개
우유 170ml
마시멜로, 초콜릿, 비스킷 적당량

How to

1. 팬케이크 파우더에 요거트, 달걀, 우유를 넣고 골고루 섞어 반죽해 준비합니다.
2. 약불에 팬케이크를 앞뒤로 구워줍니다.
3. 2에 마시멜로와 초콜릿을 올리고 전자레인지에 20초 정도 돌려줍니다.
4. 녹아내린 마시멜로와 초콜릿 위에 쿠키나 과자를 올려 장식합니다.

에어프라이어 비스코티

빵처럼 만들어 쿠키처럼 먹는 비스코티. 크게 덩어리로 먼저 굽고, 잘라서 한 번 더 구워요. 고소한 견과류를 넣거나 말린 과일을 넣어 구우면 맛도 향도 좋은 비스코티가 만들어집니다.

Ingredients

밀가루 120g
달걀 2개
설탕 70g
코코아 가루 10g
베이킹파우더 2g
견과류 40g
소금 1g

How to

1. 달걀에 설탕을 넣고 잘 섞어줍니다.
2. 밀가루와 코코아 가루, 베이킹파우더, 소금을 체에 쳐줍니다.
3. 1과 2, 견과류를 넣고 골고루 섞어줍니다.
4. 오븐용 팬에 넓고 길쭉한 형태로 올려줍니다.
5. 180도에 오븐이나 에어프라이어에 20분 구워줍니다.
6. 구워진 반죽을 꺼내어 1cm 두께로 잘라줍니다.
7. 170도 오븐이나 에어프라이어에 10분 더 구워 완성합니다.

브라우니

잠깐 식혀 냉장고에 두었다가 먹으면 브라우니의 질감으로, 뜨거울 때 바로 먹으면 쇼콜라의 질감으로 먹을 수 있는 간단한 초콜릿 디저트 레시피예요. 전자레인지에 10분 정도 익혀서도 만들 수 있어요.

Ingredients

다크 초콜릿 60g
달걀 1개
설탕 30g
버터 50g
우유 30ml
박력분 20g
코코아 가루 15g
생크림 또는 아이스크림 약간

How to

1. 다크 초콜릿과 버터, 우유를 전자레인지에 30초 돌려 녹여줍니다.
2. 설탕을 넣어 골고루 섞어준 후 달걀을 넣어 다시 한번 섞어줍니다.
3. 박력분과 코코아 가루를 넣고 다시 한번 섞어줍니다.
4. 도자기 그릇에 버터를 바르고 반죽을 담아줍니다.
5. 180도 오븐이나 에어프라이어에 15분 구워줍니다.

Tip

생크림이나 아이스크림을 곁들이면 브라우니를 더욱 맛있게 즐길 수 있어요.

사계절 음료

따뜻한 밀크폼이 올라간 음료는 봄과 가을에 유독 잘 어울리고요. 여름엔 청량한 스파클링 음료를 자주 만들어 마십니다. 찬바람 부는 겨울이 오면, 뱅쇼 만들 준비를 합니다. 집에서도 쉽고 간단하게 만들 수 있는 음료 레시피로 사계절 브런치 테이블에 곁들여보세요.

보이차 puer tea

커피 마시는 습관을 줄이기 위해 시작한 차 마시기. 도구를 갖추어 차를 우려내 마시면 마음까지 정갈해지는 기분이 듭니다. 최근에 자주 즐기고 있는 보이차를 소개합니다.

1. 보이차 5g, 100도의 따뜻한 물, 찻잔, 거름망을 준비합니다.
2. 보이차는 차 거름망에 담아 물을 부어줍니다. 말리며 들어간 이물질을 제거하기 위해 첫 물은 찻잔에 따라 온기만 더해주고 버려줍니다.
3. 두 번째로 부어서 마시는 차는 30초에서 40초 정도 우려줍니다. 물을 계속 추가해서 마시고 세 번째, 네 번째 우려낼 때가 가장 깊은 맛이 납니다.

코코넛 밀크티 coconut milk tea

보통 밀크티는 우유와 물을 섞어 만드는 음료예요. 조금 더 향긋한, 색다른 밀크티를 마시고 싶을 때, 이 레시피로 만들어보세요.

1. 홍차 1개, 코코넛 밀크 150ml, 물 100ml를 준비합니다.
2. 냄비에 물을 넣고 홍차 티백을 넣어 우려내줍니다.
3. 진한 황금빛의 홍차가 우러나면 코코넛 밀크를 넣어 끓어오르기 전, 따뜻해질 정도만 끓여줍니다.

Tip. 계피는 계핏가루 1t로, 흑설탕은 꿀로 대체해도 됩니다.

차이티 라떼 chai tea latte

몸이 피곤할 때면 팔각과 정향의 향이 마구 그리워져요. 그런 날이면 찬장에 향신료들을 하나 둘 꺼내 봅니다. 여름에는 아이스로 마셔도 좋습니다.

1. 홍차 1티백, 계피 1스틱, 정향 2개, 팔각 1개, 우유 200ml, 물 200ml, 흑설탕 2T를 준비합니다.
2. 물에 홍차와 계피, 정향, 팔각, 흑설탕을 넣고 뚜껑을 닫아 약불에 15분 정도 끓여줍니다.
3. 재료를 건져내고 우유를 넣어 따듯하게 끓여 마십니다.

베리 스파클링 berry sparkling

냉동 베리를 사두면 언제든 시원하고 상큼한 음료를 즐길 수 있어요. 체리, 딸기, 산딸기, 블루베리 등 제철에 나는 생과일을 깨끗이 씻어 얼려 사용해도 좋아요.

1. 냉동 베리 1컵, 무가당 탄산수 1L, 민트 50g, 시럽 1/2컵, 레몬즙 1/3컵을 준비합니다.
2. 냉동 베리를 얼어 있는 상태로 뚜껑이 있는 1.5L 병에 담아주고 깨끗하게 씻은 민트와 레몬즙을 넣어 섞어줍니다.
3. 탄산수를 넣어 뚜껑을 닫고 그라데이션이 생기면 마십니다.

칼리모초 kalimotxo

아주 간단하게 스페인 음료를 맛볼 수 있는 칼리모초. 와인과 콜라만 준비하면 완성됩니다. 비싸지 않은 와인을 이용해도 좋아요.

1 와인과 콜라를 각각 100ml씩 준비합니다.
2 와인과 콜라를 1:1 비율로 섞어줍니다.

Tip. 알콜에 약하다면 콜라의 양을 늘려 만들어보세요.

체리콕 cherry coke

추억의 음료 체리콕. 체리 파우더를 녹여 만들었던 옛 기억이 있어요. 체리, 혹은 냉동 체리로 만들어 먹으면 좀 더 고급스러운 체리콕을 맛볼 수 있답니다.

1 체리 20개와 콜라 200ml를 준비합니다.
2 체리를 반으로 잘라 씨앗을 제거해 잘게 다져줍니다.
3 콜라를 넣어 완성합니다.

에스프레소 폼 라떼 espresso foam latte

한번 맛본 뒤로 밀크폼보다는 꼭 에스프레소 폼을 만들어 먹을 정도로 매력적인 맛이 나는 음료예요. 진정한 커피의 맛을 느끼고 싶을 때, 홈 카페 메뉴로 적극 추천합니다.

1 인스턴트 커피 1개, 에스프레소 2샷, 우유 200ml를 준비합니다.
2 우유를 전자렌지에 1분 정도 데워 인스턴트 커피 1t를 따뜻한 커피에 넣고 폼을 만들어줍니다.
3 에스프레소 샷에 우유를 섞어줍니다.

깔루아 커피 kahlua coffee

달달한 커피맛 술로 인기 좋은 깔루아. 보통 우유를 타서 깔루아 밀크로 많이들 마시는데요. 깔루아에 커피를 더해 좀 더 어른스러운 음료를 만들어봤어요.

1 깔루아 3T, 에스프레소 1샷, 우유 100ml, 얼음을 넣고 싶은 만큼 준비하세요.
2 깔루아와 에스프레소를 섞어줍니다.
3 컵에 얼음을 가득 담고 우유와 2를 넣어줍니다.

Tip. 얼음을 빼고 우유를 데워 따뜻하게 마셔도 좋아요.

리얼 핫초코 real hot chocolate

겨울과 특히 잘 어울리는 핫초코. 마시멜로를 더하면 참을 수 없죠. 초코 파우더로 만드는 핫초코도 좋지만 초콜릿을 녹여 만든 진한 맛의 핫초코를 즐겨보세요.

1   초콜릿100g, 생크림 50ml, 우유 150ml, 계핏가루와 마시멜로를 조금씩 준비합니다.
2   냄비에 초콜릿과 우유를 넣어 저어가며 녹여줍니다.
3   골고루 잘 녹으면 취향에 맞게 계핏가루를 넣고 생크림을 넣어 끓여줍니다.
4   마시멜로를 올려 살짝 녹으면 마십니다.

코리안 뱅쇼 Korean vin chaud

날이 추워지면 뱅쇼를 만듭니다. 서양의 겨울 음료를 한국적으로 재해석했는데, 설탕이나 꿀이 들어가지 않아 더욱 건강해요.

1   복분자주 400ml, 배 2개, 오렌지 1개 감초 2개, 당귀 2개, 대추 10개, 귤껍질 1개, 시나몬 4g, 물 500ml을 준비합니다.
2   물에 감초, 당귀, 대추, 귤껍질, 시나몬을 넣고 뚜껑을 닫아 중불로 10분 정도 끓여줍니다.
3   잘라둔 배와 오렌지, 복분자주를 넣어 약불로 뚜껑을 열고 15분 끓여줍니다. 배와 오렌지가 어느 정도 익으면 약재를 제거해줍니다.

Tip. 오렌지는 귤 2개로 대체해도 됩니다. 귤껍질을 잘 씻어 말려두었다가 뱅쇼 만들 때 활용해보세요.

계절을 담은 나만의 브런치 테이블
사계절 홈 브런치

1판 1쇄 발행 2022년 3월 17일
1판 2쇄 발행 2023년 7월 21일

지은이   한지혜
펴낸이   김성구

콘텐츠본부   고혁 조은아 김초록 이은주 김지용 이영민
마케팅부   송영우 어찬 김지희 김하은
관리   김지원 안웅기

펴낸곳   (주)샘터사
등록   2001년 10월 15일 제1-2923호
주소   서울시 종로구 창경궁로35길 26 2층 (03076)
전화   02-763-8965(콘텐츠본부) 02-763-8966(마케팅부)
팩스   02-3672-1873 | 이메일 book@isamtoh.com | 홈페이지 www.isamtoh.com

ⓒ한지혜, 2022, printed in Korea

이 책은 저작권법에 따라 보호를 받는 저작물이므로 무단전재와 복제를 금지하며,
이 책의 내용 전부 또는 일부를 이용하려면 반드시 저작권자와 ㈜샘터사의 서면 동의를 받아야 합니다.

ISBN 978-89-464-7401-7   13590

값은 뒤표지에 있습니다.
잘못 만들어진 책은 구입처에서 교환해드립니다.

샘터 1% 나눔실천
샘터는 모든 책 인세의 1%를 샘물통장 기금으로 조성하여 매년 소외된 이웃에게 기부하고 있습니다.
2022년까지 약 1억 원을 기부하였으며, 앞으로도 샘터는 책을 통해 1% 나눔실천을 계속할 것입니다.